進士 肇
Hajime SHINJI

中江民人 ［著］
Tamito NAKAE

三井稜賀
Ryoga MITSUI

株主総会検査役

その職務内容と選任事例

商事法務

はしがき

1　株主総会における「転ばぬ先の杖」

　2022年（令和４年）６月の株主総会シーズンは、前年以上に株主提案権行使が目立った。日本経済新聞によれば[1]、株主提案権行使は６月末までに77件。提案権を行使された会社は、メーカー、金融機関、商社、マスメディアなど幅広く、提案内容も取締役選任議案、定款変更議案（取締役報酬個別開示、SDGs 関連など）、剰余金処分議案など多岐にわたる。また一時期は下火であった買収防衛策が、2021年以降再び脚光を浴びている。話題になった案件としては、新生銀行、東京機械製作所、東京ソワール、富士興産、日本アジアグループ、日邦産業などが挙げられよう。

　2023年（令和５年）に入っても、フジテックの臨時株主総会が２月24日に開かれ、同社株主である投資ファンドのオアシス・マネジメントが提案した社外取締役の解任議案につき５人中３人の解任が可決され、オアシスが推す社外取締役候補６人のうち４人が選任され、社外取締役２人を選任する会社提案が否決されるという出来事があった[2]。

　株主提案権行使の場面にせよ、買収防衛策につき株主の信を問う場面にせよ、会社（の現経営陣）と特定の株主との間で対立が先鋭化し、委任状勧誘等も含めて議決権の争奪戦になることは多い。

　もとより、対立的な議案であるか否かにかかわらず、株主総会における可決・否決、ひいては賛成票のカウントは正確を期されるべきものである。これを制度的に担保するために、株主総会で行使された議決権行使書・委任状は３か月間本店に備え置いて株主の閲覧・謄写に供される（会311条３項・４項）。上場会社であれば、株主名簿管理人（会123条）としての証券代行会社が株主総会支援をするのが通例であり、また企業内容等の開示に関する内閣

---

[1]　2022年６月30日日本経済新聞朝刊。
[2]　2023年２月24日日本経済新聞夕刊。当社同日 IR 情報。なお本件では、株主側・会社側双方が申立てをした上で、同月10日に株主総会検査役が選任されている（当社２月13日 IR 情報）。

府令により、金融商品取引法上の臨時報告書（金融商品取引法24条の5、企業内容等の開示に関する内閣府令19条）に各議案の議決の結果を記して提出・報告することも義務化されている。

　しかしそれでも、利害対立のある株主総会においては、招集手続に不備があったのではないか（著しい手続違反）、票のカウントの仕方に誤りがあったのではないか（法令違反）、会社（取締役会）側が十分な説明責任を果たさなかったのではないか（説明義務違反）といった理由で、株主が株主総会決議取消訴訟（会831条。瑕疵の程度によっては、無効確認訴訟や不存在確認訴訟。会830条）を提起することがままある。

　ところが、会社にとって、応訴は経済的・時間的に大きな負担である。特に取締役選任議案や定款変更議案といった主要議案が覆るリスクが残り続ければ、経営の不安を招く。一方の原告たる株主にとっても、負担はかなり重い。訴訟で決め手になるのは原告主張の事実の存否であるが、その立証にあたっては記録が限られている、資料が会社側に偏在しているなどの理由で立証の困難が予想される。訴訟は空中戦になりやすい。

　そこで、株主総会検査役（会306条）の出番である。総会検査役は、株主総会に係る招集の手続及び決議の方法を調査することを職務とし（同条1項）、調査報告書を作成する（同条5項）。訴訟にあたって甲1号証となるべき書証ができあがるとともに、総会検査役の選任によって、その前後にわたって総会検査役の目を意識しなければならなくなることにより招集手続及び決議方法が健全化するであろうという副次的な効果も期待できる。せっかく開催した株主総会が、会社にとっても株主にとっても事後に揉めないようにするための「転ばぬ先の杖」になるのである。

2　近時話題になった事案

　近時、株主総会検査役を選任して、検査役の臨場・調査を求めた株主総会は、LIXILグループ（2019年）、大戸屋（2020年）、東芝（2020年）、関西スーパーマーケット（2021年）など数多く、いずれも世間の注目を浴びた。

　2022年4月、日本経済新聞社編『関西スーパー争奪──ドキュメント　混迷の200日』が出版された。同書は、関西スーパーマーケット社の経営統合

問題を、とりわけ、阪急阪神百貨店を展開する関西を地盤とするエイチ・ツー・オー　リテイリング社と関東圏のディスカウントスーパーであるオーケーストア社による熾烈な争奪戦を中心として、歴史的に俯瞰した優れた作品である。そして、総会検査役による調査の経緯や、その後の仮処分事件の経緯を生々しく描いている。その中で関係者は異口同音に、「検査役による臨時調査報告書がなければ、OK ストアによる裁判手続は生まれなかった。」と言う。大戸屋の案件同様に、検査役がやるべき仕事をして問題を提起した好例である。

　さらに、2022年5月には秋場大輔『決戦！株主総会——ドキュメント LIXIL 死闘の8カ月』（文藝春秋）が出版された。2019年6月25日（火）の同社定時株主総会は、筆者である進士が総会検査役を担当し、中江及び金山真琴弁護士がその補助者をした案件である。午前10時から始まった株主総会が事業報告、質疑応答を経て、午後1時40分ころ投票が終わり、2回の1時間延長を経て、午後4時前に結果を発表して閉会した。提案株主側の瀬戸欣哉氏らが得票率約53％という厳しい戦いを勝ち抜いて経営権を奪還したというドラマがあり、その後の LIXIL グループの業績復活にもつながった。

　2023年は、ゼネコンとアクティビストの交戦に注目が集まった。まず、任天堂創業家系のヤマウチ・ナンバーテン・ファミリーオフィス（YFO）が、2022年5月に始めた TOB 提案（全株取得による非公開化を要求したもの）を打ち切って、2023年4月に東洋建設㈱に対して取締役選任議案を株主提案した。同年6月の定時株主総会では、YFO 提案の取締役候補者のうち業務執行を担う社内取締役2人を含む7人が選任され、他方、会社側が提案した取締役候補者11人のうち選任されたのは6人にとどまった。新経営体制では、社内取締役6人中2人、社外取締役7人中5人が、YFO 提案により就任したことになる。

　また、㈱熊谷組に対しては、香港を拠点とする投資ファンドである OASIS INVESTMENTS II MASTER FUND LTD.（通称オアシス・マネジメント）が2023年4月に自己株式取得、増配などを内容とする株主提案を行い、これに対して会社は同年5月に自己株式取得の方針を示して対抗し、6月の定時株主総会では株主提案3議案が否決された。

　オアシス・マネジメント社は、ドラッグストア大手の㈱ツルハ（ツルハド

ラッグ）をグループ内に有する㈱ツルハホールディングス（ツルハHD）に対しても、2023年6月、創業家の不当な影響力があるとして取締役選解任を中心とする計9つの議題・議案を提案したが、ツルハHDは大株主であるイオンの協力を得るなどして対抗し、8月の定時株主総会では株主提案全議案が否決された。

　NCホールディングス㈱（NCHD）においては、2023年6月の定時株主総会で、英投資ファンドAsset Value Investors Limited（AVI）が提案していた全8議案のうち3つ、すなわち剰余金処分の決定方法の変更、増配、業績連動型の株式報酬の導入に係る議案が可決された。これを受けてNCHDは同年7月、2023年3月の配当を従来計画の3.7倍となる年65円にすると発表した。NCHDは上記総会に先立ち、同総会の決議について、利害関係がある大株主を除いた一般株主の意向を確認する「マジョリティ・オブ・マイノリティ」（MoM）の仕組みで賛否比率を開示する方針を明らかにしており、この点も注目された。MoM方式の採用にあたっては、コスモエネルギーホールディングス㈱（CEHD社）の2023年6月開催の定時株主総会においても注目された（p.130）。

　これらの会社のIR情報を見る限り、総会検査役を選任していたかは明らかでないが、うち一部の会社においては、会社又は株主の申立てにより総会検査役が選任されていた模様である。

　これらの事案に限らず、M&Aの当否判断を株主総会に求める議案において、また、株主が取締役選任議案、役員報酬・SDGs等の時代のトピックに関する定款変更議案などを提案して、それからプロキシーファイトに進む事案が多くなってきた。このような傾向に伴い、今後、総会検査役選任件数は増えるであろうと予想される。

　裁判所も呼応し、バーチャル株主総会の広がりによる総会の規格変化への対応の必要もあって、2022年に入って各弁護士会の総会検査役経験者を招聘し、選任件数の増加に対応できるようマニュアルの作成をし、その内容に関して座談会も開かれた[3]。

3　「座談会」6頁。

3　本書の著述の方針

　総会検査役に関する知識を必要とする者は、次のように分類できよう。第1に、クライアントである株主又は会社。第2にその申立てを手伝う代理人弁護士。第3に株主総会準備と並行して総会検査役への対応を余儀なくされる会社とその担当者。第4に株主総会事務局に入るなどして株主総会指導をする（併せて総会検査役への対応もする）弁護士。第5に裁判所から選任されて総会検査役に就任する弁護士であることは言うまでもない。

　これを少しまとめれば、①株主又は会社、②代理人弁護士、③総会検査役弁護士、以上の三者である。①申立側（提案株主・会社、その代理人である弁護士）、②対抗側（会社・提案株主、その代理人である弁護士）、③株主総会検査役を担当する弁護士という整理をしてもよいかもしれない。

　残念ながらこれまでのところ、総会検査役の仕事について網羅的に正面から著述した文献は少ない。総会検査役の選任申立ての際に必要な申立書ひな形や関連法規について記した代理人弁護士向けの専門書や、総会検査役経験者である弁護士の手によるいくつかの貴重な論攷が法律誌に掲載されているのを見るくらいである。そして何よりも、クライアントである提案株主又は会社向けにこの制度を説明したものが少ない。

　そこで本書は、第1章にて、「ドキュメント株主総会検査役」と題し、総会検査役が選任された株主総会の実際の事例を参考にしながら、総会検査役の選任申立て→選任決定→事前打合せ→下見→株主総会当日臨場→株主総会→総会後の処理→調査報告書の作成、という一連の流れを見ることにした。

　次に第2章にて、第1章の「ドキュメント」とリンクさせながら、総会検査役の実務と理論を説明し、三者の視点を有機的に盛り込むよう試みた。総会検査役側（及び裁判所）の視点を理論的に説明することは、総会検査役制度の制度趣旨及び利用価値の説明につながり、さらには申立側等の利用する者にとって利用の要否及び利用方法の判断（経済的コスト含む）に資するはずである。上記「ドキュメント」事例を基にして、調査報告書の作成例をここに添付した。

　またここでは特に、潜在的クライアントである上場・非上場の会社（の役

員、法務・総務担当者）を主要ターゲットとして意識し、これら会社の関心
事である、①総会検査役が何に役立つのか、②成果物は何であり、それはい
つまでに入手できるのか、③選任にかかるコストはどのくらいか、を明確に
しようと努めた。

　他方で、会社法実務、とりわけ顧問会社等における株主総会事務のサポー
トに日頃から携わり、株主提案、プロキシーファイトの事案で、株主の代理
人または会社の代理人として総会検査役の選任申立てや選任決定後の対応に
関与する会社法務担当弁護士や、総会検査役に選任されることの多い弁護
士、さらには、総会検査役を含め、会社非訟事件としての仮取締役・監査
役、職務代行者などの職務に関心があり、これらの職務の予備軍である若手
弁護士も念頭に置いたつもりである。

　第3章では、近時話題になった事例について検討し、実例を通じて総会検
査役の果たす役割が理解できるように試みた。

　本書が多くの皆さんのお役に立つことができるならば、筆者らの望外の幸
せである。

　2024年3月

　　　　　　　　　　　　　　　　　　　　　　　　　　執筆者一同

目　次

第3章　具体的な事案に見る株主総会検査役の役割 … 95

凡　例

●**法令の略語**

会　会社法

社債株式振替　社債、株式等の振替に関する法律

社債株式振替令　社債、株式等の振替に関する法律施行令

整備法　会社法の施行に伴う関係法律の整備等に関する法律

非訟　非訟事件手続法

非訟規　非訟事件手続規則

民訴規　民事訴訟規則

●**文献の略語**

阿部　阿部信一郎「総会検査役の任務と実務対応」旬刊商事法務1973号（2012年）59頁

江頭　江頭憲治郎『株式会社法〔第8版〕』（有斐閣、2021年）

大竹ほか　大竹昭彦ほか『新・類型別会社非訟』（判例タイムズ社、2020年）

会社法コンメ(7)　岩原紳作編『会社法コンメンタール7　機関1』（商事法務、2013年）

関西スーパー争奪　日本経済新聞社編『関西スーパー争奪　ドキュメント混迷の200日』（日本経済新聞出版、2022年）

「座談会」　足立拓人ほか「〈座談会〉総会検査役の実務と手引き」金融法務事情2200号（2022年）6頁

清水　清水祐介「検査役の選任される株主総会　株主総会検査役の実務」資料版商事法務366号（2014年）16頁

第 **1** 章　ドキュメント株主総会検査役

1-1─2021年（令和3年）6月7日（月）16：50
東京地裁民事第8部非訟係からの電話

　6月7日（月）16時50分、近年の6月初旬はかなり暑い。半袖シャツにノーネクタイ、襟を開いて楽な格好をし、好きな珈琲で一息入れながら自席で書類を読み込んでいた篠田秀道弁護士のところに、秘書の丸川さんから電話が回ってきた。

　「篠田先生、8部非訟係の河合書記官からお電話です。」

　「8部非訟係」「書記官」と聞いてピンときた。「株主総会検査役の仕事かな？」

　6月に顧問会社5件の株主総会事務局を務める篠田は、5月も末になると毎日、招集通知や会社で用意してくれた1年分のニュースの束や想定問答集とにらめっこしながら、リハーサル用の質問を検討したり、事務局を担当する法務部・総務部の社員と事前打合せをしたりして忙しく過ごすことになる。3月、5月、7月、9月などにもいくつかの総会指導を抱えはするが、6月はそれらの比ではない。昨年の某社での株主提案とプロキシーファイトを思い出し、「今年はあれがないからまだ楽だな」と呟きつつも、この月の総会の集中ぶりは毎年恨めしく思える。以前に比べたらかなり分散したとはいうものの、それは6月の中での話。そして、社外役員を引き受けるようになってからは、役員として出席すべき株主総会がさらに2件加わった。

　要するに6月は総会関連スケジュールだけで時間が埋まってしまいがちで、他の予定をはめ込むのが難しくなるのだ。すると、総会検査役を受けられるかは、ひとえに既存のスケジュールとぶつからないかによって決まる。

　篠田：「お電話代わりました。篠田です。いつもお世話になっておりま

す。」

河合：「東京地裁民事第8部非訟係の河合と申します。篠田先生、さっそくですが、総会検査役の仕事をお願いしたく、電話しました。」。

予想は当たっていた。訟廷日誌の6月最終週のところを開いて備える。

河合：「総会開催日は6月29日火曜日の午前10時です。」

よかった、空いている。6月29日は6月最終日の前日であり、各社の総会が集中しやすい。しかし篠田の場合、幸いなことに顧問先各社が十年以上前から集中日を回避して、前週の金曜日（令和3年であれば6月25日（金））までに総会を開催するようにしているので、むしろ最終週のほうが、比較的予定が空いているのだ。

✦Topic✦　日程調整

　会社によっては、特定の株主との間の紛争が恒例となり、毎年会社または株主が、定時株主総会のために総会検査役選任申立てをするという場合もある。そういう場合に備えて、総会検査役経験者側でも、翌年の応当日の日程を意識して空けておくことがある。検査役からすれば、総会期日さえ日程調整できれば、その他のスケジュールは何とか都合をつけられる（あるいは補助者に任せて急場を凌ぐことができる）ものである。

　会社もしくは株主またはそれらの代理人においても、翌年の定時総会や臨時株主総会で総会検査役選任申立てを検討する場合には、あらかじめ前回の検査役に連絡し、日程が空いているか確認するとよいかもしれない。同じ検査役が担当したほうが、会社にとっても総会検査役にとっても経済的である。

　前回の総会検査役の日程を確保したうえで選任申立てをし、その際に裁判所に「前回の総会検査役の日程は空いているようだ」と告げれば、前回の総会検査役が今回も選任される可能性はかなり高いのではなかろうか。

篠田：「大丈夫。空いています。どちらの会社ですか。」
河合：「株式会社羽柴興産です。」
篠田：「ああ、最近話題になっていた、テーマパークを運営している上場

会社ですね。ネットニュースで見ました。」

　この時期に話題になった会社は、大体頭に入っている。株主提案やプロキシーファイトのニュースが出ていると、検査役の仕事が来るかもしれないなと思ってしまうくらいだ。

　河合：「ご存じでしたか。受けていただけそうですか。」
　篠田：「はい大丈夫です。うちの事務所の関係ではコンフリクトはありません。」

✦Topic✦　**コンフリクトチェック**

　コンフリクトチェック 解説 ⇨ p.66 は、遠慮することなく、かつ直ちに行うべきである。受任の返答をした後に「実はコンフリがありまして、受任できません。」では話にならないし、関係者に多大な迷惑をかけてしまう。
　候補者の所属事務所が大きいほど、利害相反の潜在的可能性は高まる。事務所内規で one-day rule を設けているところもあるだろうから、「事務所の内規がありますので、コンフリチェックに 1 日ください。」と裁判所に言って、直ちにコンフリクトチェックを始めればよい。

　河合：「それはよかったです。集中日で、受けてもらえる弁護士さんを見つけるのに苦労するかと思っていたんです。」

　書記官はよくわかっている。

　篠田：「私の場合、6 月末の集中日のほうがむしろ空いているんですよ。」

　さりげなくアピールしてしまった。こういうこともあろうかと思って、6 月最終週はできる限り予定を入れないようにしている。それが幸いした。正直言うと、準備段階で既存の予定にいくつかぶつかりそうだが、まあ、それらは選り分ければ何とかなるだろう。多少は無理してでもまずは受ける。それが篠田のポリシーだ。

篠田：「ところで、本件は株主申立てですか。」

河合：「そうです。」

篠田：「すると、裁判所での審問期日はいつになりそうですか。」

河合：「これから調整しますが、できれば今週後半くらいにと思っています。ただ、コロナ感染回避のために、裁判所で会うのは止めたほうがよいのではないかといった裁判官の意見が出るかもしれません。」

篠田：「最近の感染状況に鑑みれば理解はできますが、総会検査役選任のための審問に限っていえば、株主と会社と検査役候補者とが裁判所に集まって、裁判官に選任決定を出していただくことが大事だと思っています。日程はできる限り合わせるようにしますので、ぜひリアルの審問をやって下さるようご検討ください。」

河合：「承知しました。裁判官に伝えます。」　審問の重要性　解説⇨p.52

　その後の日程調整により、裁判所での審問期日は6月10日（木）午後4時と決まった。この時期、提案株主の代理人と会社側代理人、そして総会検査役候補者の日程を調整するのは大変なことだが、案外すんなりと決まったことに驚いた。

> ✦Topic✦　新型コロナと審問期日
> 　新型コロナウイルス感染拡大が影響して、2020年以後の株主総会実務を様変わりさせたことは記憶に新しいが、総会検査役の実務においても、感染拡大防止の観点から、審問期日における関係者の直接対面を可能な限り回避するという形で影響があった。しかし、検査役実務の円滑な遂行という観点からすれば裁判所の面前で関係者が一堂に会することの意義は大きく、総会検査役予定者としては、この機会を重視したい。また今後は、Teamsなどのリモートを使用した審問期日の開催が定着する可能性もあると思われる。

1-2──6月7日（月）17：00　補助者の選定

　午後5時、電話を終え、直ちに始動した。受けると決まったら真っ先にや

るべきは補助者の確保だ。規模感からして、とりあえず2名は確保する必要がありそうだ。

┌───┐
✦Topic✦　補助者
　補助者選任の要否については、解説 ⇨ p.67 参照。総会検査役の職務は、総会前後を通じて事務作業が非常に多いので、事務職員の協力が不可欠である。さらに総会当日には、ビデオ撮影の手配、会場・受付・開票室との連携、不測の事態への対応などできるようにしておく必要があり、遺漏なく職務を務めるために、補助者弁護士を含めて複数で対応するようにしておくことが望ましい。
└───┘

　「中村先生と金宮さんでいこうか。」

　裁判所との電話に聞き耳を立てていた秘書の丸川さんに概要を伝え、61期の中村真人弁護士と66期の金宮誠弁護士に宛ててメールを送信してもらった。

　中村弁護士は司法修習生時代に、篠田の下で弁護修習の2か月間を過ごした。目から鼻へ抜ける聡明さで、さまざまな問題点によく気がつき俊敏に対応してくれる。この手の案件には欠かせない存在だ。他事務所に所属しているが比較的自由が利くようで、篠田が以前に受任した上場会社の総会検査役案件の4件全件につき補助者を務めてくれている。

　金宮弁護士は篠田の事務所に所属する3年生。長身のイケメンで、3年目にして「何でも任せてもらって結構ッス」という雰囲気を漂わせている。そして本当に何でも一人で片付けてくるから頼りになる。

　ほどなく2名から「大丈夫です。面白そうな案件ですね。」と返事があった。株主や会社からしてみれば「面白そう」はないだろう。しかし、この案件に関与して弁護士として何らかの貢献ができると思えば、弁護士として興味深い、すなわち「面白そう」な案件だ。

　ともかくこれで態勢は整った。さらに人員が必要になったとしても、適宜増やせばよい。次いで、丸川さんに「いつもどおり、総会検査役用のメーリングリストを作っておいて」と指示した。

1-3──6月8日（火）14：30　要請文書FAXの作成及び送付

　6月7日（月）午後5時30分、篠田は中村弁護士に電話した。「中村先生、今回もよろしく。申立書は明日午前中に裁判所から入手して、すぐ情報共有するから、それを元に審問期日までに用意してもらう書類等の要請書を作成してくれる？　裁判所経由で会社側に送ってもらうから。あと、会社のホームページに開示情報が載っているから、見ておいて。」

　✦Topic✦　**審問期日に向けての必要書類の要請**
　審問期日終了後に選任決定が出るので、この時点では総会検査役候補者にすぎない。したがって、株主代理人（申立人代理人）や会社（の代理人）に直接連絡するのは憚られるが、他方で、審問期日に株主側、会社側、総会検査役が裁判所を介して一堂に会することができるのは貴重な機会であり、できる限り有効に使いたい。そこで、申立書と添付資料を確認しながら、取り急ぎ必要そうな資料を特に会社側に用意してもらうために、審問期日の前に裁判所から会社側に要請書を送ってもらうことになる。

　「承知しました。開示情報やニュースはもう見ましたけど、結構いろいろな情報が出ていますね。要請書は、明日の午後3時ころまでには仕上げて送ります。」
　さすがにやることが早い。
　6月8日（火）午前10時、秘書の丸川さんが裁判所から申立書一式を受け取ってきてくれた。それを眺めながら、篠田は中村・金宮両弁護士と簡単な情報交換をした。午後2時には中村弁護士が要請書ドラフトをメールしてきた。内容は、大きく分けて徴求書類一覧と確認事項からなる。いずれも、調査報告書作成にあたって必要不可欠な書類であり確認事項だ。篠田はこれを少し修正して、丸川さんに「裁判所にFAXしておいて」と指示した。

1-4─6月10日（木）16：00　審問期日

　6月10日（木）午後4時、篠田、中村、金宮の3弁護士は東京地方裁判所中目黒庁舎にある民事第8部（商事部）の審問室に出頭した。申立人株主であるアヅチオダ産業株式会社からは代理人である森浩貴弁護士を含む2名の弁護士が、申立てを受けた羽柴興産株式会社からは石田彰弁護士を含む3名の弁護士と同社の法務・総務担当者2名が出席している。裁判官が現れるまでの間、関係者間で名刺交換を済ませた。アヅチ社と羽柴興産との争いは昨年から続いている関係で、両者の代理人同士はすでに顔合わせが済んでいる様子であった。

　担当の山端弘義裁判官は、「本件申立ては会社法306条2項の要件を満たしていることが明らかですから、本日、同条3項に基づいて総会検査役選任決定をします。検査役は本日お越しの篠田秀道弁護士にお願いします。」と述べた。審問手続自体はこれで終了である。

✦Topic✦　**審問期日を活かすための仕込み**

　総会検査役選任申立事件における審問手続は、当該申立てが会社法306条2項の要件を充たすかを確認するための手続であり、通常は形式的に判断することが可能なので、裁判所が直ちに検査役選任決定を出して短時間で終わることが多い。

　しかし、選任決定を受けた検査役にとっては、ここからが仕事である。せっかく裁判所に株主側・会社側が集まった機会を無為に過ごす手はない。無為に過ごさないようにするためにも、事前の仕込みを心がけたほうがよい。たとえば、事前に会社に送ってある「要請書」などは仕込みの1つである。

　総会検査役の出番はここからだ。篠田が口を開いた。

　「本件の総会検査役に選任された篠田です。宜しくお願いします。裁判所には申し訳ありませんが、この場を少し貸してください。あらかじめ、裁判所経由で羽柴興産さんに必要書類等の要請書を送っておきました。事前に代理人から当職まで問い合わせの電話も頂戴しておりまして、本日までにでき

るところまで書類の準備をしていただいたかと思います。そこでまず、本日
お手持ちの書類の確認をさせてください。」

　山端裁判官と書記官はここで退席し、総会検査役と当事者が審問室に残っ
た。

✦Topic✦　**関係者とのミーティング**
　審問後に候補者が検査役に選任されるのはほぼ確実である。せっかくの機会
だから、裁判所による審問期日後の時間を、遠慮することなく有効利用しよう。
そのためにも、前掲の「審問期日に向けての必要書類の事前要請」は必須であ
る。

　まず篠田は、会社側代理人である石田弁護士から、「要請書」に記載して
あった株主名簿、株主分布状況表など、会社側が本日までに用意した書類を
1つずつチェックして受領し、本日までに間に合わなかった書類についても
速やかに送ってくれるよう依頼した。また、本件では会社側・株主側共に委
任状勧誘をしているので、委任状、記入見本、「委任状ご提出のお願い」な
どの書類を、各自、篠田らが作成した総会検査役メーリングリストに宛てて
メール添付で送付してくれるよう要請した。

　篠田は続けた。「本総会では、取締役選任議案を、会社側だけでなく株主
側も株主提案権行使により提出しており、ここが争点になっているようです
ね。また、今回双方から検査役選任の申立てがあったわけですが、そうする
と、どちらにも『総会検査役にこの点はきっちり押さえて調査してほしい』
というポイントがある気がします。個別に伺いたいのですがよろしいです
か。」

✦Topic✦　**調査ポイントの確認**
　総会検査役候補者からすれば、申立人が提出した申立書及び疎明資料（招集
通知含む）、会社が上場会社であれば開示情報、さらに、「要請書」によって主
に会社に対して事前に要請した資料などを精査すれば、株主総会で問題になり

そうな点、重点調査すべきポイントはおおむね見えてくるものである。せっかくの会議なのでそのくらいは事前準備をしたうえで臨みたい。
　また、総会検査役選任を申し立てる者は、申立書に特に調査を希望するポイントを記載するのも有益であろう。ただし、調査及び報告書作成をするのはあくまで総会検査役なので、総会検査役がそのとおり動いてくれるとは限らない。

　会社側の５名が部屋に残り、株主側関係者が退席したのを見計らって、石田弁護士が口を開いた。

石田：「今回は双方ともに委任状勧誘をしていることもあり、株主側から総会当日に多数の委任状が持ち込まれると、受付が混乱するおそれがあります。混乱を回避するためにも、遅くとも総会前日までには株主側の委任状を提出してもらい、会社側で確認する機会をいただきたいと考えています。」

篠田：「当日の混乱を避けたいという点では同感です。双方の委任状を確認する機会を事前に設けるように、私からもお願いすることを考えていました。委任状や議決権行使書の管理はどのように行っていますか。」

石田：「郵便局の私書箱宛てに送られてくることになっており、証券代行会社が管理をします。」

篠田：「証券代行会社はどちらでしたっけ？」

石田：「東都信託銀行です。」

篠田：「それでは、具体的な議決権のカウント方法などは証券代行会社を交えて打合せの機会を設けたいと思います。」

石田：「承知しました。日程調整のうえ、連絡を致します。」

　会社側との打合せは５分ほどで終わり、入れ替わりで株主アヅチ社側の代理人が入室した。

森：「我々が最も懸念しているのは、我々の集めた委任状について、ブラックボックスのような形で会社側に有効・無効を判断されてしまうことです。検査役においては、適切に委任状の有効性の判断をしていただ

きたく要請します。」

篠田：「ご趣旨は理解しました。ただし、検査役が手伝えるとすれば、会社側に事前に判断基準の開示を求め、それに基づきどのように判断されたかを記録する限度でということになります。ご承知のとおり、検査役には法的評価・判断の権限はなく、調査によって事実を正確に判断し、報告書に記載するのが職務です。したがって、委任状の有効・無効の判断に主体的に関与できるわけではないことはご理解ください。また、そのようなご懸念であれば、事前に双方で委任状を開示して有効性を確認しあう機会を設けるのはいかがですか。もちろん私も立ち会います。」

森：「その点は少し検討させてください。早期に開示することにより、せっかく委任状を提出してくれた株主に対して、会社側が撤回の圧力をかけることがないとも限りません。また、話は変わりますが、適正に票数が数えられていることを確認するためにも、当日の採決は、投票用紙を用いた方法でしていただきたいです。」

篠田：「委任状開示については、開示時期が総会開催日に近ければ会社側が撤回の働きかけをする時間は物理的になくなるので、株主側も協力できそうですかね。また投票方式については、検査役としても、報告書にて最終票数を報告するという観点から、投票用紙を使うなどわかりやすい方式を採用するよう会社に要請しようと考えていました。」

　最後に、双方が同席した。篠田は羽柴興産側に対し、①委任状の優劣・有効性判断の基準について会社側の考えをまとめてほしい、②検査役は、当日の採決方法として投票用紙を使うのが望ましいと考えており、それを前提に採決方法を検討してほしいと伝え、次回打合せまでの検討を要請した。また、株主アヅチ社側に対しては、たとえば総会前日に、双方立ち会いの下に委任状の事前確認をする機会を設けるということでよいか検討されたい、と伝えた。

1-5──6月17日（木）　会社代理人、会社・証券代行会社担当者と会議

　審問期日の翌日である6月11日（金）には石田弁護士からメールが届き、

　6月17日（木）に証券代行会社担当者を交えた会議を行う運びとなった。6月14日（月）の段階で、石田弁護士からメールで、委任状・議決権行使書等の優劣・有効性判断基準について要領よくまとめた資料が送られてきた。また、証券代行会社は株主総会でよく見るメガバンク系の会社ということもあり、スムーズな会議になるだろうと期待して、篠田らは会議に臨んだ。

✦Topic✦　**関係者とのメール交換**

　総会検査役の立場からすれば、関係者との間で早くメールを開通させ、資料の授受を容易にし、また意見交換を文書に残せるようにしたほうが何かと都合がよい。遅くとも審問期日及びその後の打合せで名刺交換するなどしてメールを開通させるべきである。検査役側で検査役・補助者・事務局が同時に情報取得できるようにメーリングリストを作ることも多い（会社側・株主側においても同様であろう。）。

　もちろん、検査役においては、情報の授受にあたって会社側・株主側に中立・公正を疑われないよう気をつけること、守秘に細心の注意を払うべきことは言うまでもない。

　この日は、審問期日に出席した5名に加え、証券代行会社である東都信託銀行から高田巌氏と細川ひとみ氏が出席した。

篠田：「本日は、総会準備のお忙しい中、ご足労いただき恐縮です。早速本題ですが、石田先生から委任状・議決権行使書の優劣・有効性判断基準をまとめた資料をいただきました。その当否について判断するものではありませんが、検査役としても違和感のない内容であったと申し上げておきます。」

中村：「同一株主が双方に委任状を発送した場合の優劣ですが、後のものが優先されるとあります。これは、委任状記載の日付により判断されるのでしょうか。」

石田：「到達の先後ということですが、実際には封筒の消印や、委任状記載の日付がメルクマールになると思います。」

篠田：「この判断基準は、株主側に開示して差し支えありませんか。」

　石田：「問題ありませんので、開示してください。」

　その後は、主に高田氏から議決権行使のシステムについて説明があり、検査役として関心のあった、議決権行使の重複を関知できること、過去の投票行動についても消去せずに記録されていることなどを確認できた。

　篠田：「事前のカウント体制についてはよく理解できました。いただいたメールでは、採決方法は拍手によるとありましたが、投票用紙の準備は難しいでしょうか。」

```
✦Topic✦　採決方法の確認
　議場での採決方法はおおむね、①拍手、②挙手、③投票に分かれる。手間と
確認の容易さとの兼ね合いで、いずれを採用するかが決まってくる。
```

　石田：「今から用意することも物理的に不可能ではありませんが、本件では会社側は僅差での決着は想定しておらず、また例年拍手方式で決を採っています。当社としては、迅速に進行できるようにしておくことが望ましいと考えています。」
　篠田：「臨時報告書などと異なり、検査役の提出する報告書では、可能な限り投票結果の実数を正確に載せたいと考えています。当日は何人ほど出席する見込みですか。」
　一橋総務課長：「例年ですと、30〜40人ほどになります。」
　篠田：「それでしたら、多少人数が増えるにせよ、検査役が各株主の投票行動を確認することは可能ですので、検査役と補助者が確認し終えるまで進行を止めていただくなど、協力していただけますか。」
　石田：「問題ありません。議長に指示をしておきます。」
　篠田：「間違いのないよう、シナリオに反映させておいてください。」
　石田：「わかりました。」

1-6―6月24日（木）　提案株主代理人・会社代理人同席での会議

　6月17日（木）の打合せ後、篠田は、石田弁護士のまとめた委任状の有効性判断・優劣関係等のルールについて、メールで提案株主代理人の森弁護士と共有をした。この点は森弁護士から異論はなかったが、株主側に検討を促している委任状の事前確認については、前向きな回答は得られない状況が続いていた。そこで双方の承諾を得て、検査役立会いの下で両者同席での会議を開催することにした。

　6月24日（木）18時00分の定刻少し前に、提案株主側は森弁護士を含む2名の弁護士が、会社側は石田弁護士を含む3名の弁護士が、篠田の事務所に到着した。会社側代理人にはB会議室で待機してもらい、篠田、中村、金宮は株主側代理人である森弁護士らの待つA会議室に向かった。挨拶を済ませると早速本題に入った。

　篠田：「株主側から先にお話を伺います。それというのも、前回会社側から個別に話を聞いたので、バランス上、株主側とも個別にお話する機会を作りたかったからです。また、委任状の収集状況について教えていただきたいということもあります。」

　森：「我々は票のカウントが適正に行われることが確認さえできればよいので、新たに検査役にお伝えすることはありません。それから委任状の件ですが、検査役限りでお伝えしますと、現在120通余り集まっています。ただし、会社から直接連絡があったという株主もいましたし、会社側による票の切り崩しを危惧しているので、委任状の事前確認を行うことは控えたいという考えに変わりありません。」

　篠田：「しかし、その通数ですと、当日受付で確認をするというのでは、総会開催時刻が遅れるなど混乱が生じるのではないでしょうか。また、前日夕刻に確認するのであれば、切り崩しの心配はほとんどないと考えますが、いかがでしょうか。」

　森：「わかりました。前日の夜、例えば19時00分ということであれば、委任状をお持ちします。もちろん、その後に届く委任状もあると思います

　ので、それは総会当日の開会前に確認することにしてください。」

　篠田：「承知しました。それでは会社側ともそのあたりを調整しましょ
　　う。」

　委任状の話がひと段落したところで、金宮は会社代理人3名をA会議室
に通し、三者が一堂に会した。

　篠田：「委任状確認の日程ですが、前日19時00分であれば株主側も協力い
　　ただけそうです。」

　石田：「処理に余裕を持たせたいので、もう少し前倒しで日程調整できま
　　せんか。」

　篠田：「株主側から譲歩していただいての結果ですので、証券代行会社に
　　はご負担をかけるかもしれませんが、この日程でお願いできればと思い
　　ます。ところで、以前申し上げていた前日の会場下見は構わないでしょ
　　うか。」

　石田：「18時00分以降であれば、いつでも可能です。」

　篠田：「ありがとうございます。それでは会場で、下見とあわせて委任状
　　確認を行いたいと思います。」

　森：「総会当日の話ですが、ご存じの通り織田は高齢ということもあり、
　　補助の従業員を同席させたいと考えています。」

　石田：「それは、歩行などが困難で、補助が必要という趣旨でしょうか。」

　森：「いえ、身体的な意味ではありません。」

　石田：「当社の定款では、株主以外の方の入場は認めていません。」

　森：「少なくとも、株主側代理人の出席は認めていただきたいです。」

　石田：（他の2名の代理人と少し協議をして）「承知しました。ただし、席は
　　織田氏の隣ではなく、議場後方のオブザーバー席に座っていただきま
　　す。織田氏ら株主へのアドバイスや発言は控えてください。」

　森：「やむを得ませんね。」

　その後、森弁護士が会社側に対し、委任状の有効性判断・優劣関係等の
ルールについていくつか確認的な質問をし、石田弁護士がそれに回答した。

篠田：「委任状、議決権行使のルールについて争いはないようですね。念
　　　のため、本日の確認事項を検査役のほうでまとめたものを双方にお渡し
　　　しますので、齟齬がないか、後ほどご確認下さい。会社にお聞きします
　　　が、当日の採決方法は、拍手ということで変更はないですか。」

石田：「スムーズな進行のために、拍手で進めさせていただきます。」

森：「提案株主は、検査役が選任された以上、正確な票数のカウントが行
　　　われることを希望します。」

石田：「その点は、検査役にお渡しする予定のシナリオにも記載していま
　　　すが、検査役のほうで拍手した株主を確認していただくまで、進行を止
　　　めるように配慮致します。」

　篠田は、「投票用紙での投票を再度検討してもらえませんか。そうでなけ
れば、せめて挙手にしましょう。」と喉まで出かかったが、ここはあえて発
言しなかった。

　その他、当日の細かな事項についていくつか話したうえで会議は終了し
た。篠田は、会議の議事録をまとめて翌日には森弁護士、石田弁護士に送付
したが、特に異論はなく、会場下見の日を迎えることになった。

1-7 ─ 6月28日 （月） 19：00　総会会場の下見・委任状確認

(1) 議場と受付の下見　会場の下見　解説 ⇒ p.71

　午後6時50分、篠田たちは、明日定時株主総会が開催される、霞ヶ関の
「まんぷくホール」を訪れた。会社側代理人である石田弁護士や株主側弁護
士の森弁護士よりも少し早く着いた。会社の総務担当の一橋氏に断って、ま
ず議場を覗いてみた。議場後方の左側と右側に会社が用意したカメラが設置
されている。画面を見て映り方を確認した。総会検査役席に座って議場を見
回してみる。役員席及び株主席の全体が見渡せて申し分ない。

┄┄

✦Topic✦　**議場座席・カメラ位置の確認**

　議場での下見で確認すべきポイントは多い。検査役は、せっかく下見に行ったのに見落としたということのないように、予めポイントを整理しておくとよい。また、見落としに気づいた場合には、総会当日の受付開始前に議場に赴いて、受付準備や会場設営などをしている会社担当者の邪魔にならないように配慮しながらチェックする。

　カメラは議場に複数台設置されていることがある。前日の下見時に一台ずつ画像を見て回って、議場全体がもれなく映っているか、死角がないか、株主のプライバシーへの配慮がなされているか確認しよう。カメラの位置によっては、検査役席の手元資料や検査役らの行動が丸見えという場合もあるので要注意である。

　他方、案外トラブルの起きやすい株主受付に会社がカメラを設置することは少ないが、検査役としてはトラブルが起きやすいからこそ映像を残しておきたいということもある。設置する際の注意点は議場の場合と同じ。もちろん、会社の事前了解を得ておく必要がある。

┄┄

　会場には先に受領していた会場平面図のとおり、パイプ椅子が8列8行にわたって整然と並んでいる。役員席は会場床と同じ高さにあり、いわゆる「ひな壇」にはなっていない。

　篠田はちょうど1週間前、民事再生手続の申立代理人として北陸地方の県庁所在地にある産業会館で開いた債権者説明会に出席していた。債権者数がかなり多い案件だったので念には念を入れて広い会場を予約したのだが、各種産業展示会用のイベントホールであり、だだっ広いうえに、その全体を見渡せるようにひな壇の高さが約3mあり、誤って落ちたらケガをしそうな高さだった。1,000人入れる会場で実際に入場した債権者数は120人程度でありスカスカだったが。そんな経験をしていたので、今回の会場はかなりこぢんまりとして見えた。

　そんな思いを巡らせていたところ、午後7時の5分前に石田弁護士と森弁護士が相次いで現れた。できれば先に、一橋氏の案内で証券代行会社の控え室に行って挨拶をしたかったが、定刻通り三者が集合したので、まずは委任状確認だ。証券代行会社の担当課長である黒田信明氏にも加わってもらった。

(2)　委任状の確認（p.47）

　株主側が持参した委任状は152通、会社側のそれは180通であった。役員席の机を動かして、会社側代理人と株主側代理人とが正対して座る。双方が持参した委任状を１通ずつ、本人確認書類を添付しながら示し、株主側委任状は検査役→会社側の順で、会社側委任状は検査役→株主側の順でこれらを検分する。検査役と会社側がそれぞれ手元の株主名簿を見ながらチェックを入れていく。

　先の６月24日の協議の際に委任状の有効性判断の手順につき両者のコンセンサスを得ていたので、作業はスムーズに進んだ。ただ一件だけ、株主番号1234567の株主が提出した委任状（議決権個数は１個）につき問題が生じた。この株主は、会社側にも株主側にも提出しており（いわゆる委任状重複案件）、しかも委任状の日付が同日であった。篠田は両代理人に株主が委任状を郵送した際の封筒の有無を尋ねたが、どちらも所持していなかったので，消印による先後の判断は不可能であった。そして問題は委任の意思だが、会社側の委任状は会社提案賛成・株主提案反対であり，株主側委任状は株主提案賛成・会社提案反対であって、真逆であった。さすがにこればかりは有効的に判断することは不可能である。２つの委任状の到達の先後が不明であり，かつ矛盾する意思が示されているという理由で、両委任状はいずれも無効と判定し、両者ともにこれを了解した。篠田は鉛筆で、「無効」と記載した。

✦Topic✦　**株主側と会社側とで委任状の有効性判断に食い違いが生じた場合**

　本事案では、最後の一件まで含めて、株主側と会社側とで委任状の有効性判断は一致したので問題ない。しかし、事案によっては、委任状の署名押印や、議案に対して賛否を示す〇×表記が不鮮明であるとか、委任状を郵送した際の封書の消印といった補助資料の読み方で意見が分かれたとか、本人確認書類が不十分であるといったことを原因として、双方の意見が一致を見ないこともある。

　そのような場合、会社は会社の見解で当該委任状の有効・無効を判断し、票読みをし、可決・否決を判断し、その結果を議場で宣言する（臨時報告書を作成して開示する）であろう。この判断を争うべく、後に株主が決議取消訴訟を提起した場合、その有効・無効を後見的に判断するのは受訴裁判所であって、

もちろん検査役ではない。この場合に備えての検査役の仕事は、まさに、必要な調査を行い、判断の食い違いに至った経緯を記録し、当該委任状その他の基礎資料を取り揃え、報告書の形で検査役を選任した裁判所に報告することである（会306条５項）。すなわち、後の受訴裁判所の判断に備えて、それに資する資料をきちんと残すことである。

篠田は最後に、念のため株主側代理人である森弁護士に「明日持ち込む予定の委任状はありますか。」と尋ねた。森弁護士は、「最終確認は未了ですが、おそらくこれ以上委任状を持ち込むことはないと思います。」と答えた。

午後８時30分、篠田は委任状確認作業の終了を宣言し、森弁護士は帰っていった。

(3)　証券代行会社の控え室へ

篠田は石田弁護士及び黒田課長と共に、委任状を持参して、証券代行会社（東都信託銀行）の控え室を訪ねた。集計作業に回すためである。篠田らは、黒田課長以外の他の担当者たちと名刺交換をした。

担当者の一人が、「篠田先生、林です。５月のムラバヤシ産業さんの株主総会指導ではいつもご一緒させていただいております。今回もお世話になりました。」と声を掛けてきた。そうだ。篠田の顧問先である株式会社ムラバヤシ産業を担当している林さんだった。篠田は、「ああ、林さん。１か月ぶりですね。妙なところでお目にかかりましたね。」と笑顔で答えた。しかしこれも、６月には案外よくある光景だ。

控え室ではさっそく委任状の議決権数等の入力が始まった。皆忙しそうにしているおり、問題もなさそうだったので、挨拶もそこそこに退出した。

(4)　拍手方式での投票行動確認、リハーサル

再び議場に戻った篠田たちは、会社側代理人と黒田課長を交えて、拍手方式で投票行動をきちんと確認できそうか、リハーサルを行った。

議場には席間隔を十分に空けたうえで、８列×８行、計64席が整然と並んでいる。そこで、左側４列を篠田が、右側４列を中村弁護士が担当することにした。また、左右後方から撮影している会社設置の２台のビデオカメラ

の画像を確認した。角度も適切だし鮮明な画像だが、後方からの撮影なので、後に拍手の有無が問題になったときに、それを確認するには難がある。2020年6月に開催された大戸屋ホールディングスの案件（p.123）が篠田の頭をよぎったが、採決のリハーサルを進めることにした。

篠田：「石田先生、第1号議案の採決のところのリハーサルをやりましょうか。」

石田：「承知しました。それでは私が議長役になって、1号議案の採決のところのシナリオを読み上げます。高野さんは左側の株主席に、黒田課長は右側の株主席に座って、拍手してください。」

高野・黒田：「了解です。」

篠田：「私は議場左側の検査役席前に立ちます。中村弁護士は反対側右側の前方に立ちます。2人で拍手の確認作業をします。特に邪魔にはならないですよね。」

石田：「ではシナリオ24頁を開いてください。2行目から始めますよ。」

議長（石田）：「ありがとうございました。賛成多数でございますので、議案の採決に入らせていただきます。

　それでは、第1号議案『取締役5名選任の件』を採決致します。本議案について、ご賛成の方は拍手をお願いします。拍手をされる方は、私が合図するまで拍手を続けていただけますようお願いいたします。」

株主役である高野と黒田が拍手する。篠田が高野の様子を、中村が黒田の様子を指差し確認し、中村が篠田に向かって右手を挙げて、確認終了の合図を送った。中村と目線を合わせて頷いた篠田は、議長役の石田に向かって右手を挙げて、確認完了の合図を送った。議長役の石田が頷いた。

議長（石田）：「拍手をおやめください。ありがとうございました。

　それでは、第1号議案は、議決権行使書等による事前の議決権行使分も含め、議決権数の過半数以上のご賛成をいただきましたので、本議案は原案どおり承認可決されました。」

　確かにこの程度であれば問題はなさそうだ。しかし、仮に明日この会場に30人座っていたらどうだろうか。篠田と中村弁護士とで15人ずつの確認作業をすることになる。金宮弁護士を加えて3名体制でカウントしても10人ずつ。果たして短時間で正確に確認できるだろうか。

　また、後になって決議取消訴訟が提起されたとして、書証として使われる調査報告書に記載されている拍手の有無につき争いが生じた場合、映像データがなくてもよいのだろうか。それは問題だろう。

　もちろん、受訴裁判所は、調査報告書の記載を最大限信用して、事実認定するに違いない。しかし、その事実の基礎となる確たる証拠が存在する方がよいに決まっている。映像資料は調査報告書の添付資料として、会社・株主双方が見て確認しうるものだ。調査報告書の記載と映像とが合致していれば、少なくともその部分に関しては、決して両者間での紛争は起きないはずだ。要するに、きちんと映像が残っていれば、両者間の紛争は未然に防ぐことができるわけだ。

　篠田は、後方に設置されているカメラの画像を見ていた金宮弁護士に尋ねた。

篠田：「金宮先生、カメラの画像では拍手の様子はどう？　きっと見えにくいよね。」

金宮：「株主が2人だけだったら、後ろからの映像でも様子は確認できそうですけど、10人も入ったら株主同士が重なり合うから、おそらく無理ですね。」

篠田：「そうだよね。やっぱり挙手にするか、あるいは前から撮影するしかないな。」

　篠田は意を決して、石田弁護士に相談を持ちかけた。

篠田：「石田先生、ちょっと相談です。今からで申し訳ないですけど、挙手方式に変えられませんか。挙手だったら後方から撮影するカメラでも、手を挙げたかどうか映像にはっきり残るんですがね。」

石田：「そうですか。わからないではないんですが、ただ、今から変える

のは難しいかなあ。一応社長に相談はしてみますが。」

篠田：「挙手方式への変更が無理な場合、次善の策としては、採決時に
　　　限って前方からの撮影を認めてもらうという方法が考えられます。検査
　　　役補助者の金宮弁護士が、前のほうで動きながらハンディカメラで撮影
　　　すれば、短時間でもれなく記録に残せると思います。もちろん、プライ
　　　バシー保護の観点からすれば、前方からの撮影記録を残すことは避けた
　　　いところですが、株主の投票行動を記録に残すという観点からすればや
　　　むをえないとして理解を得られそうだし、撮影を採決時に限れば相当性
　　　もあると思います。どうですか。どちらか容れてもらいたいのですが。」

石田：「承知しました。検討したうえで明日朝までには回答します。」

篠田：「宜しくお願いします。またその際には、シナリオに手を加える必
　　　要があるでしょうから、そちらも対処してください。」

その他いくつかの確認を済ませ、リハーサルを終えた。

> ✤Topic✤　**議事進行方法について会社・会社側代理人との意見交換**
> 　議事進行方法は会社が決めることであり、そこに検査役が口を挟むべきもの
> ではないが、検査役が主として「記録係」であるとすれば、記録上支障のあり
> そうな議事進行方向を会社が採用する場合には、記録上支障がありそうである
> として意見を述べるべきであろう。採決方式はその最たる問題である。

1-8— 6月28日（月）21：30　下見の帰り

　午後9時30分に下見が終わり、篠田たちは、霞ヶ関界隈のインテリジェ
ントビルの地下にあるカジュアルな中華料理屋に移動して、食事をしなが
ら、反省会と明日の本番のための簡単な打合せをした。

中村：「委任状確認が今日のうちにほとんど済んでよかったですね。」

篠田：「そうだね。以前、当日の朝になって株主側が大量の委任状を持ち
　　　込んで、その有効性判断に時間がかかって、定刻の10時から総会を開

始できなかったケースがあったよね。」

金宮：「採決方法ですけど、やはり拍手では心配だなあ。仮に株主が30人
　　　いるとすると、篠田先生と中村先生と２人で、15人ずつの拍手の有無
　　　を確認しなければいけないんですよ。オレは前方からビデオ撮影して、
　　　株主の手元をまんべんなく映す係だから、拍手の有無の確認やカウント
　　　はその場では手伝えないですよ。」

篠田：「確かにそうだよな。我々もこの点はもっと早く指摘すべきだった。
　　　会社も直前にシナリオ変更するのは大変だからね。会社側ではしっかり
　　　検討してくれそうだけど、仮にダメだったとしても、腹を括って拍手方
　　　式での確認をしっかりやろう。」

金宮：「挙手に変更してくれなかったら十分な確認ができなくなるかもし
　　　れないけど、そうやって調査報告の内容に紛れが生じることは会社と株
　　　主にとって良いことではないですよってくらい、踏み込んで言ったほう
　　　が良かったんじゃないですか。

　　　　あるいは、会社が挙手方式を採用してくれなかったら、会社にこう
　　　言っちゃったらどうですか。決議取消訴訟で受訴裁判所から証言を求め
　　　られたら、真実は検査役報告書に書いたとおりのはずなんだけれど、今
　　　さら記憶はと問われても思い出せない、映像記録を改めて見てみたとこ
　　　ろ、後方からの映像しかなくて、各株主が拍手したかまで確認できる資
　　　料はもはや残っていない、確信があるとまでは言えませんって証言し
　　　ちゃいますよって。」

篠田：「ハハハ、ずいぶん過激だね。」

中村：「ところで、明日の"ドレスコード"ですが、いつも通りでよいで
　　　すか。」

篠田：「うん。黒又は紺のスーツ、黒又は茶のビジネスシューズ、ネクタ
　　　イ着用、弁護士バッジをつけること。それから白のマスクを忘れないよ
　　　うに。僕はいつも紺色のマスクを使っているけど、僕らが変に目立たな
　　　いようにするという意味で、マスクは白に統一しよう。総会指導で事務
　　　局に入る場合と同じ心掛けで。もっとも、万が一忘れてきたときは、会
　　　社から１枚提供を受けるということでよしとしよう。電車に乗る際にマ
　　　スクを忘れたのに気づいて、慌てて買いに走ってそのせいで遅刻しまし

　たなんてことのないようにね。」

　午後11時過ぎに散会し、各自帰路についた。

1-9─6月29日（火）　株主総会当日～開会まで

　午前8時00分、自宅を出ようとしていた篠田のスマホに、会社側代理人である石田弁護士からメールが届いた。曰く「議案採決に際して、確認作業の正確性確保と時間短縮のために、拍手方式から挙手方式に変えてはどうかとのご提案をいただきました。会社にて真摯に検討しましたが、やはりこのタイミングで当日の運用を変更することはトラブルの元になりかねず、難しいとの判断に至りました。恐れ入りますが、ご理解のほどよろしくお願いいたします。」とのこと。

　シナリオには、冒頭の説明に加えて、採決時にも次の説明を加えるようだ。「冒頭にてご案内差し上げましたとおり、本総会が適法に行われたか否かを検証するための証拠を保存するために、各議案の採決における出席者の株主の皆様による拍手の状況について、総会検査役によるビデオ撮影を実施させていただきます。この撮影記録は、一般に公開されるものではございませんので、ご理解を賜りますよう、何卒よろしくお願い申し上げます。つきましては、各議案において拍手をされる方におかれましては、私が合図するまで拍手を続けていただけますようお願いいたします。」

　挙手方式を容れてはもらえなかったが、やむをえまい。拍手方式でも、前方からの移動撮影が可能なら何とかなるだろう。新しくシナリオに加えられた説明も配慮が行き届いている。石田弁護士らが努力してくれた結果だ。あとは検査役側が最善を尽くすのみ。篠田は電車移動中に、中村たちにメール転送し、このことを知らせた。

　午前8時55分、篠田ら3名は、霞ヶ関4丁目にある総会会場「まんぷくホテル」の5階に集合した。

　金宮：「会社は拍手方式を維持するということですか。残念でしたね。」

篠田：「まあ仕方ないだろ。会社の気持ちもわかるよ。石田先生も協力し
　　　てくれて前方からの撮影は了解してもらえたのだから、最善を尽くそ
　　　う。金宮先生、カメラ担当たのむね。責任重大だぜ。」

金宮：「ハハハ、任せてくださいッス。」

中村：「篠田先生と2人で手分けすれば大丈夫ですよ。確認を済ませるま
　　　で拍手を止めないよう、議長から株主にきちんと指示してもらえばよい
　　　のですから。議長が指示しないようだったら、我々が議場で『拍手を止
　　　めないでください』って言いましょうよ。いざとなったら。」

篠田：「うん。検査役は黒子に徹するべきだけど、こればかりは妥協せず
　　　にやろう。報告書に曖昧なことは書けないからね。」

　開催から1時間以上前ではあるが、会社のスタッフ数人は、株主一覧表、
入場票・再入場票、招集通知、招集通知の記載事項の訂正書、個別注記表、
議案概要説明資料、配布用マスク等を机の上に整理したり、検温装置や消毒
用アルコールを2つ設置するなど、受付のセッティングをしている。受付開
始の午前9時まであと5分。総務課長の一橋守氏がリーダーになって、議場
や受付のスタッフに指示を出している。一橋氏自身も議場の前方左右両横に
据え付けた株主質問用マイクのテストをしている。

　そういえば、一橋氏は総務課長になってすでに5年目で、苦笑しながら、
「そろそろ他の仕事に異動する時期かな」などと話していた。彼のようなベ
テランの担当者がいるからこそ、準備はつつがなく進んでいるとも言える。

　篠田は一橋氏に、「受付で、入場する株主さんに入場票を手渡す際に、『入
場票を、胸ポケットなどの検査役から見えやすいところに保持してくださ
い。』って伝えてくださいね。」と要請した。一橋氏や受付のスタッフはその
とおり応じてくれた。

　篠田は中村弁護士と共に議場に入り、会場の席のセッティングが昨晩と変
わりないことを確認し、前方に向かって左側4列の拍手確認を篠田が、右側
4列を中村が担当することを決めた。また、左右後方から撮影している会社
設置の2台のビデオカメラの画像を改めて確認した。ビデオ設置の位置、角
度、高さによっては、検査役席の机上の資料がまるまる映ってしまうことも
ある。注意しなければいけない。

　午前9時00分。受付開始。株主はまだ来ていない。金宮弁護士が受付前でビデオをセットして撮影を始めた。受付では、議決権行使書を持参し忘れた株主や法人株主の職務代行者の入場資格の有無について、トラブルが生じることがある。そのような事態の記録化のためには受付業務の映像が残っているほうが望ましい。ただし、プライバシー保護の観点から、ビデオカメラのセットの位置・角度について注意を払う必要がある。

　また、金宮弁護士は三脚を使って、もう一台持参したカメラを、議場左前方の検査役席付近に設置した。議案採決時にはこのカメラを手に持って左右に動きながら、株主の拍手の状況を前方からくまなく撮影するという役割を担う。

　午前9時05分、株主が来場し、受付で出席番号1番の入場票を手渡されて会場に入っていった。社員株主である。最も左側の最前列に着座し、椅子の横に荷物を置いて新聞を読み出した。一橋氏が篠田に近寄ってきた。

一橋：「あそこに座っている彼が、会社側の委任状の受任者です。」
篠田：「わかりました。彼が拍手するかどうかがとりわけ重要ですね。社員株主には、席に座ったら、勝手に席を移動しないよう念を押してください。検査役側で、新たな株主が入場する都度、出席番号何番の株主がどの席に座っているかをチェックしますが、席を移動されてしまうとわからなくなってしまいますから。」
一橋：「承知しました。社員株主はもちろんですが、一般の株主様にも、むやみに席を移動しないよう受付の際に念押しするようにします。」

　午前9時20分、アヅチオダ産業株式会社の会長である織田一義氏が、同社代理人である森弁護士と共に会場に現れた。受付で議決権行使書を提示し、また株主山野寛郎氏の委任状を示した。受任者は織田氏である。検査役補助者の中村弁護士、株主側森弁護士、会社側石田弁護士が直ちに鳩首し、その委任状の有効性に問題ないことを確認した。織田氏は議場に入り、最右列の前から4番目の席に座った。篠田は森弁護士と朝の挨拶を交わし、その場で織田氏を紹介してもらって名刺交換をした。

篠田：「初めまして。総会検査役の篠田と申します。」

織田：「ああ、篠田先生、初めまして。織田です。森先生からお名前は
　　　伺っております。本日は宜しくお願いします。」

　織田氏は齢八十を超えているが足取りは軽やかで、シックなスーツに身を
包み、胸元の深紅のポケットチーフがアクセントになっている。背筋をシャ
ンと伸ばして、立ち姿が美しい。しっかりと目線を合わせて、篠田に挨拶を
した。「エンタメ業界に織田あり」と言われるだけの威厳と気品が感じられ
る。もっとも検査役としては、それ以上の突っ込んだ会話をするわけにもい
かない。篠田は名刺交換を終えた後、検査役席に戻った。

　篠田は念のため森弁護士に、「昨晩の再確認になりますが、追加の委任状
はありませんね。」と確認した。森弁護士は「ありません。」と答えた。

　午前9時30分、会社側代理人である石田弁護士が、受付の状況を眺めて
いた篠田に声を掛けてきた。

石田：「議長を務める羽柴社長が、検査役の先生にご挨拶したいと言って
　　　います。取締役控室におりますが、そちらまでお越しいただけないで
　　　しょうか。」

篠田：「承知しました。ご挨拶には伺います。しかし、公正公平を害する
　　　ようなやりとりはできませんので、念のためその点はご了承ください。」

石田：「もちろんです。」

篠田は石田弁護士と共に、役員控室の羽柴社長を訪れた。

石田：「羽柴社長、検査役の篠田先生です。」

羽柴：「篠田先生、お呼び立てしてしまって済みません。初めまして、羽
　　　柴です。このたびはお世話になっております。」

篠田：「検査役を務める篠田です。初めまして。本日は宜しくお願いしま
　　　す。」

羽柴：「シナリオの拍手方式のことで、先生から挙手方式でのご提案が

　あったと石田先生から聞きました。検討しましたが、今ここでシナリオ
　を変えると混乱が起きないとも限らないので、このまま進めさせてくだ
　さい。」
篠田：「朝がた、石田先生からメールでご回答いただいています。承知し
　ました。結果はともかく、真摯に検討していただきありがとうございま
　した。議案採決の際には、各株主が拍手しているかどうかを私ともう１
　人の補助者弁護士と２人で確認します。株主が20名入場したとして、
　１人で10名前後見ることになるので、しっかり確認して記録に残すた
　めに少し時間がかかります。議長さんにおかれては、議長が止めてくだ
　さいと言うまでは拍手を続けるよう、議場の株主さんに指示してもらえ
　ますでしょうか。」
羽柴：「承知しました。必ずそうします。もし不備があったら遠慮なく声
　を掛けてください。正々堂々と対処します。」
篠田：「また採決の時に限り、もう１人の補助者弁護士が前方からビデオ
　撮影を行います。いざというときに検証できるよう記録化するためです
　のでご容赦ください。修正後のシナリオにもその旨のコメントが入って
　いたかと思いますが。」
羽柴：「そのとおりです。了解しました。」
篠田：「ご協力ありがとうございます。」

　羽柴社長は実に紳士であった。会社側も株主側もこれだけしっかりしてい
るのであれば、議場での意見の対立はあっても、議事は円滑に進むであろ
う。篠田は少し安心して、議場の検査役席に戻った。

✦Topic✦　会社側代理人から「議長と会ってください」と言われたり、株主
側代理人から「株主が来場した。ご挨拶させてほしい。」と言われることはよ
くある。議長と話して議事進行上の疑問点を解消したり、株主と挨拶して人と
なりを知っておくのは調査・報告にあたって有意義であるともいえよう。もち
ろん、中立公正を害しないよう注意する必要がある。

　午前9時40分、本日午前8時現在の集計表を、石田弁護士が検査役席まで届けてくれた。篠田はそれを目視し、頭の中で計算を始めた。それを知ってか、石田弁護士が篠田の耳元で囁いた。「アヅチさん側の委任状等による議決権を加えても、議長不信任動議は通りそうにありません。」。篠田が暗算した結果もそう出た。篠田は表情にこそ出さなかったが、少しホッとした。議案に対する賛否も有意な差がついており、会社側の優勢であった。

　午前9時55分、篠田と中村が検査役席に着座した。議場出席株主は社員株主も含めてここまでで21名。社員株主6名を除くと実質的には15名だ。「これから株主が多数入場したりしませんように。」株主総会の活性化という観点からすれば出席株主は多いほうがよいのだろうが、篠田と中村は祈る思いだった。幸いにして、この後議場に入ってきた株主は1人だけ。総計22名で議事が進んだことになる。

　他方で金宮弁護士は、10時10分頃までは受付でビデオカメラを回していることになっている。開会直前直後の受付では、株主が焦ってドタバタとやってくることもあり、受付でのトラブルが起きやすい。そこのチェックは大事であり、映像を残しておく必要性は高い。

　午前9時56分。事務局担当のスタッフが議場に向けてアナウンスを始めた。「本日はご多用中のところ弊社株主総会にご出席いただきまして誠にありがとうございます。まもなく弊社役員が入場します。席にお着きのうえお待ち願います。」

　午前9時58分。常勤監査役を先頭に会社役員が入場を開始した。役員が順次入ってくる音だけが議場に伝わる。そして全員が席に着いた。しばしの静寂。

　午前10時00分。事務局が羽柴社長に声を掛けた。社長が小さく頷いて離席し、議長席に移動した。アクリル板の向こうで白いマスクを外し、水を一杯口に含み、軽く咳払いをした。議長席後方の事務局に控える石田弁護士や、オブザーバー席に座る森弁護士の顔が引き締まった。株主の織田氏も、

心なしか緊張した面持ちだ。篠田たちも背筋を伸ばして開始に備えた。

　　羽柴：「株主の皆様、おはようございます。」

いよいよ株主総会が始まった。

1-10─6月29日（火）10：00　株主総会開会

(1)　開会から議案説明まで
　午前10時に議長を務める羽柴社長が開会宣言をし、シナリオに基づき、本総会には総会検査役が臨場していることを告げた。

✦Topic✦　総会検査役の紹介
　総会検査役が臨場していることは、冒頭で議長から述べてもらうとよいだろう。会社によっては、総会検査役選任申立てをしたこと、総会検査役に誰々が選任されたということをIR情報として開示することもある。

　午前10時05分には、シナリオに基づき審議方法に関する承認が行われた。羽柴議長が，一括上程一括審議方式を採用することと、検査役が証拠保存の目的でビデオ撮影をすることを議場に謀り、出席株主全員の拍手により承認された。会社側委任状の受任者である株主も、間違いなく拍手をしている。拍手の有無について、篠田ら3名は各自の位置にて目視で、受任株主を含む株主全員が拍手していることを確認し、確認完了を示すために篠田が議長に向かって右手を上げた。羽柴議長は篠田の所作を見たうえで議事を進めていった。
　その後、定足数充足の宣言、監査報告、議案上程までが順調に進んだ。
　議長による議案の上程（議案説明）は、午前10時29分に始まった。第3号議案は株主提案の取締役選任議案だが、会社は招集通知のなかで反対意見を表明している。これについては、議長の指名により乙野取締役が、「第3号議案の候補者はいずれも、当社事業の中核である当社固有のテーマパーク事

業に携わった経験がなく、テーマパークの各テナントのスポンサー企業との関係を維持できるかも懸念される。」などと反対の理由を説明した。

　午前10時45分、議長は第3号議案の提案株主である織田氏に補足説明を求めた。織田氏は、同議案における取締役候補者である織田氏、柴田氏、滝川氏がいかなる理由で適切な人材であるかを説明し始めた。少し長い感じもしたが、議長が説明を遮ることはなかった。

(2)　質疑応答始まる
　午前11時00分、質疑応答が始まった。

羽柴議長：「……質問をされる株主様には、会場の両脇にスタンドマイクをご用意いたしましたので、恐れ入りますが、マイクのところまでご移動いただきますようお願い申し上げます。それでは、ご質問のある方はどうぞ挙手願います。」

　織田一義氏の右手がスッとまっすぐ上がった。羽柴議長が、「そちらの株主様どうぞ。スタンドマイクまでご移動ください。」と言って織田を指名した。

織田：「出席番号8番の織田と申します。発言の機会を頂戴し、ありがとうございます。先ほど羽柴社長は、手元の資料を見ながら、パワーポイントの資料をスライドで流すという形で、前期の実績の説明をしたわけですが、本日お越しの株主の皆さん、十分に理解できましたでしょうか。納得できたでしょうか。

　今さら私が申し上げることでもありませんが、当社は前期に多額の損失を出しました。大赤字です。しかし、そのことについての反省、そして今期はこのように改善し、利益を上げるという強い決意表明はあったでしょうか。残念ながら私にはそれが全く感じられませんでした。

　今期もすでに第1四半期が終わろうとしています。もちろん1Qはまだ締まっていませんが、日々刻々と数字は上がってきて、前期比や、業績が上向きか否かという手応えも、経営者は十分に感じているはずで

す。しかし、そういうことへの言及もありません。

　確かに先ほどのスライドには、今期黒字回復するための施策として、海外事業からの撤退、国内事業のテコ入れ、新規事業の開拓という３つの項目を挙げていた。でもこれらは現実味があるのですか。これら３つの項目がどのようにして売上げ増に結びつき、利益に結びつくかが見えない。当社が公表している今期業績予想では、売上げは119億2,000万円、粗利は54億1,500万円、営業利益は５億5,000万円となっています。しかし、これらは本当に達成できるのでしょうか。こんなことを言っては失礼だが、第２か第３の四半期決算で業績予想の下方修正が行われ、そしてまた株価が下がるのではないかという懸念を私は拭えません。

　業績を正確に予想できない経営者は市場からも見放されてしまうでしょう。現経営陣の危機意識がまるで感じられない。本当に残念です。

　だからこそ私は、当社の主要株主として、現経営陣の刷新が必要であると考え、このたび株主提案で、会社とは異なる取締役選任議案を提出するに至りました。私はエンターテインメントの世界で長いこと取り組んできた。柴田さん、滝川さんも同様だ。これまでの経験をテーマパーク事業に生かせるという確信があります。株主の皆さんには、ぜひ我が意を汲み取っていただければと思います。

　さて、そこで質問です。国内事業のテコ入れの具体案が不明です。主要事業であるテーマパークを盛り上げていきましょうという抽象的な決意表明程度にしか聞こえませんでした。具体的にどこで何をやっていこうと思っているのでしょうか。」

羽柴：「出席番号８番の織田様、ありがとうございました。ただ今のご質問については、社長である私からご回答いたします。

　先ほどの私からの説明につき十分ご理解いただけなかったようで、失礼しました。頂戴したご指摘につきましては，私を含め現経営陣一同、真摯に受け止めて参ります。

　ご質問については、先ほどのスライドを使ったご説明と多少重複するかも知れませんが、国内事業のテコ入れとしては、主にキャラクター商品やガチャガチャの販売といった物販の強化と、現場スタッフを徐々にアルバイト中心に転化していくことを考えています。ご指摘のとおり、

今期に入って約3か月経過しようとしていますが、業績は確実に上向いてきています。それがテコ入れ策の効果としての結果なのか、それとも、単に新型コロナウイルス感染回避のための行動制限が一段落したことによってお客様が戻ってきただけなのかについては冷静な判断が必要ですが、両方の効果が相まって今の結果に至っていると分析しています。

　なお、前期の損失はご案内のとおり、海外事業撤退時の特別損失を計上した結果です。当社の将来を考えて、事業自体を筋肉質に変えるためにあえて血を流しました。前期の業績ベースでも、海外事業を切り離して国内事業単体で見れば、相当程度の利益が見込めます。もちろんそれだけで終わるつもりは毛頭ありません。国内事業のさらなる発展のために物販強化などの施策を挙げましたが、すでにこれらは軌道に乗っており、現に第1四半期において好調に推移しています。どうか今後の発展を期待して見守っていただきたいと存じます。以上ご回答申し上げました。

　それでは、他の株主様、ご質問はいかがでしょうか。」

　すると、30歳代と思しき白いポロシャツ姿の株主が、出席番号票を握った左手を上げた。

羽柴議長：「そちらの株主様どうぞ。」
株主：「出席番号18番の佐久間と申します。3号議案を提案した株主さんに質問したいのですが、よろしいでしょうか。3号議案については当社の取締役会が反対理由を示しており、それに対して先ほど提案株主さんからさらなる説明があったのですが、私にはあまり理解できませんでした。特に取締役候補者である3名のうち、どなたが代表取締役として当社を牽引していくのか、その人はどういう施策を行っていくのか、改めてご説明いただきたいと思います。」
羽柴議長：「出席番号18番の佐久間様、ありがとうございました。今のご質問については、第3号議案について先ほど補足説明をなさった織田様からご回答いただくのが適当と存じますが、織田様よろしいでしょう

か。」

織田：「承知しました。私から回答します。３名の候補者は、私も含め、いずれもエンターテインメント業界にて会社経営者としての経験が豊富です。招集通知記載の取締役会の反対意見には、当社テーマパーク事業への理解があるとは言いがたい候補者だと書いてありましたが、それはひどい言いがかりだ。これまで当社とかかわりが薄かったという点は、先の反省を活かすという強い意志を対外的にアピールすることでもあるので、全くご懸念には当たりません。

　代表取締役は、取締役選任後の取締役会で決めるものですが、３号議案が可決承認されたあかつきには、私織田一義が代表取締役に就任し、リーダーシップを発揮して参ります。」

羽柴議長：「織田様、回答ありがとうございました。佐久間様よろしいでしょうか。……ほかにご質問はありませんでしょうか。……ご質問はよろしいですか。

　それでは他のご質問もないようですので、」

と羽柴が言い始めたのを合図に、検査役補助者の中村弁護士が検査役席を立って、静かに議場後方を移動し、右側前方の定位置に着いた。

羽柴議長：「決議事項に関し十分審議を尽くしましたので、これをもちましてすべての審議を終了し、議案の採決に移りたいと存じますが、賛成の方は拍手をお願いします。」

さあ、ここからが検査役の出番である。

　篠田担当の株主10名は、会社側委任状の受任者である株主を含めて皆拍手をしたが、中村担当の12名のうち拍手をしたのは11名。出席番号３番の株主１名は拍手をしていなかった。しかし大勢に影響はない。中村が篠田に向かって右手を挙げて合図をし、篠田はこれを見て羽柴議長と目を合わせ、右手を挙げて進行を促した。議案採決のためのよい予行演習になった。

羽柴議長：「ありがとうございました。賛成多数でございますので、議案

の採決に入らせていただきます。

(3)　議案採決

午前11時45分、議案の採決が始まった。リハーサル通りに事が進んだ。

羽柴議長：「冒頭にてご案内差し上げましたとおり、本総会が適法に行われたか否かを検証するための証拠を保存するために、各議案の採決における出席者の株主の皆様による拍手の状況について、総会検査役によるビデオ撮影を実施させていただきます。この撮影記録は、一般に公開されるものではございませんので、ご理解を賜りますよう、何卒よろしくお願い申し上げます。つきましては、各議案において拍手をされる方におかれましては、私が合図するまで拍手を続けていただけますようお願いいたします。

　　それでは、第1号議案『取締役5名選任の件』を採決致します。本議案についてご賛成の方は私が合図するまで拍手をお願いします。」

議場に株主の拍手が鳴った。金宮が議場前方で左右に動きながら株主に向けてビデオ撮影を行っている。篠田は左4列を、中村は右4列を確認し、その結果を議場メモに書き付けた。中村が篠田に向かって右手を挙げて合図をし、ビデオ係の金宮も撮影終了の合図で右手を挙げた。篠田はこれを見て、羽柴議長と目を合わせ、右手を挙げて進行を促した。

羽柴議長：「拍手をおやめください。ありがとうございました。第1号議案は、議決権行使書等による事前の議決権行使分も含め、過半数のご賛成をいただきましたので、本議案は原案どおり承認可決されました。

　　次に、第2号議案『買収防衛策の件』を採決致します。本議案についてご賛成の方は、私が合図するまで拍手をお願いします。」

篠田らは同様の確認作業を行った。

羽柴議長：「拍手をおやめください。ありがとうございました。第2号議

案は、議決権行使書等による事前の議決権行使分も含め、過半数のご賛成をいただきましたので、本議案は原案どおり承認可決されました。

　最後に、株主提案である第3号議案『取締役3名選任の件』を採決致します。当社取締役会は第3号議案に反対しております。株主提案の本議案についてご賛成の方、つまり当社取締役会の意見に賛同いただけない方は、私が合図するまで拍手をお願いいたします。」

パラパラと拍手の音がした。篠田らは同様の確認作業を行った。

羽柴議長：「拍手をおやめください。ありがとうございました。議決権行使書等による事前の議決権行使分も含め、過半数のご賛成を得られませんでしたので、本議案は否決されました。

　以上をもちまして、株式会社羽柴興産の定時株主総会の議案はすべて審議を終了しましたので、これをもって閉会致します。皆様のご協力に対し、会社を代表しまして厚く御礼申し上げます。」

　会社提案の第1号議案では、出席番号8番及び18番を除き、それ以外の株主全員が拍手をした。同じく会社提案の第2号議案では、出席番号8番、18番及び20番を除き、それ以外の株主が拍手をした。株主提案の第3号議案では、出席番号8番、18番及び20番の3名が拍手したが、その他の株主は拍手をしなかった。

　羽柴議長は上記のとおり、第1号議案と第2号議案につき可決承認されたことを、第3号議案につき賛成少数で否決されたことを述べたのだった。

　午前11時55分、羽柴議長は、閉会を宣言し、第2号議案可決承認により新しく選任された取締役の紹介を始めた。議場の緊張感が少し緩んだ。

1-11—6月29日（火）12：00　株主総会終了後

　午前11時55分、株主総会は無事終了した。織田氏は検査役席の前までやってきて、軽く会釈をして帰って行った。

　採決の結果には有意な差が見られるので、負けた株主側が後に決議の取消

し等で争う可能性はまずないと思われる。あとは、各資料に基づいて正確な報告書を書くだけだ。

　今回の株主総会が万が一長時間かかった場合に備えて、午後5時までは時間を空けておいた。

　そういえば、篠田が初めて総会検査役に就任したのはかれこれ十年以上前のことで、対象会社は非上場の会社だったが、そのときは横浜の会場で午前10時から午後4時前まで約6時間もかかり、しかも株主による休憩動議を議長が容認して正午から12時30分まで30分間休憩を入れるというおまけ付きだった。会社側代理人に「休憩を挟むなんて聞いていませんよ。シナリオにもそんなこと書いてないじゃないですか。」と文句を言ったくらいだ。職務上こういう表現はいけないと思うが、正直言ってうんざりした。ある意味特殊な事情のある会社だったので仕方のない面もあったが、議長は自力ではろくに答弁できず、毎度代理人弁護士と答弁内容の相談をする。やっと回答すると、質問した株主は嵩にかかって次の矢を放つ。他の取締役は誰も助けようとしない。こういう会社の事務局にだけは入りたくないなと思ったものだ。

　しかもこのときは、午後3時から弁護士会の理事会に出席してある企画の立上げに関する説明をするという予定を入れてしまっていた。どうやら午後2時までには終わりそうにないと観念してから、3分ほど補助者に任せ、議場の外に出て他の説明役の弁護士に電話して事情を話し、欠席を了解してもらうというみっともないこともした。過去の総会検査役選任案件では、票のカウントに時間がかかって閉会までに一昼夜を費やしたことで有名になった事案もあるし、それは極端だとしても十分な時間の確保は必須だ。

　もっとも今日のように早く終わったときは、空いた時間がお釣りになって返ってくる。今晩は、明日朝一番の大阪での会議に備え、新幹線で移動した後に前泊する予定だが、それでも5時間ほど貴重な時間が空いたことになる。

　総会終了後の作業として、証拠保全のための委任状受渡し等があるが、これは中村・金宮両弁護士に任せた。

　午後12時05分、関係者に一言ずつ挨拶してまわり、そそくさと退出。タクシーに乗って移動する間に、最後の仕事を済ませることにした。裁判所に

電話で結果報告するのだ。

　河合：「東京地裁民事8部非訟係です。」
　篠田：「弁護士の篠田です。お世話になっております。河合書記官はい
　　　　らっしゃいますか。」
　河合：「篠田先生、河合です。」
　篠田：「羽柴興産の株主総会が11時55分に終わりました。会社提案議案が
　　　　可決、株主提案議案が否決という結果になりました。議案ごとの集計結
　　　　果については後ほどFAXで送ります。かなりの差がつきましたし、議
　　　　事進行に特段の問題もなかったので、取消訴訟が起きる可能性はほとん
　　　　どないと思われます。」
　河合：「そうでしたか。お疲れ様でした。」
　篠田：「特に問題なく終わってよかったです。それでは失礼します。」

✦Topic✦
　終了後の裁判所への電話やFAXでの簡潔な結果報告は励行に価する。

1-12─6月30日（水）以降　各種資料を受領

　さて、いよいよ調査報告書の作成にとりかかることに。調査報告書の提出
期限は6月29日（火）の翌日から約40日後の8月9日（月）と裁判所から指
定されている。
　東都信託銀行から、電子投票及び書面投票のログデータがEメールで送
られてきた。また、会社から入場株主一覧表のデータの入ったDVDや、議
決権行使書の原本などが送られてきた。調査報告書作成に必要な資料は順調
に集まっている。

┌───┐
✦Topic✦　**気が抜けない**
　株主総会が荒れるよりは無事に終わったほうがよいだろうが、無事に終わったからといってここで気を抜いてしまうと、時間はあっという間に経ってしまう。特に資料収集には会社や証券代行会社の協力が不可欠である。どちらも忙しいし、時間が経てば次の仕事に頭が向かってしまう。総会終了後速やかに、資料を集め切ってしまうこと、そして書けるところから書き始めてしまうことが肝要だ。
└───┘

1-13─7月14日（水）　反訳書のドラフトを受領

　検査役チームの調査報告書ドラフト担当は中村弁護士である。これまで10件以上調査報告書を書いてきたこともあって、報告書の全体像が頭に入っている。しかも、実は総会前の資料集めと並行して、総会本番の前に、書けるところはすでにほぼ書き終わっていた。そこまで手際よく進めているので、あとは総会当日の経過を書けば調査報告書のファーストドラフトが仕上がってしまう。篠田は総会直後、中村弁護士に、「いつものように3週間後の7月20日（火）を目処にドラフトを仕上げようね。」と言った。

　さて、ここで意外に時間がかかって全体スケジュールの足を引っ張るのは、調査報告書に添付する反訳書の作成だ。会社から録画DVDは入手済みであり、検査役の録画データも残っているので、これらから反訳書を作成する。問題は誰が反訳をするかである。

　検査役によっていろいろなやり方があるだろうが、篠田の場合は、①原則的に、会社のほうで録画DVDを元に文字起こしをしてワードファイルを作成し、これを検査役側でDVDを見ながらチェックし、検査役名義で完成させる、②会社が当初から積極的に反訳業者への依頼を求めた場合、会社にスタッフがおらず、いても文字起こしに時間がかかりそうな場合、総会が長時間にわたったなどの事情で最初から業者に任せたほうが適当だと判断される場合には、業者反訳費用を会社が実費負担することを条件として、業者に依頼する、ということにしている。今回の場合、会社は一橋氏のところで文字起こしをすると言っているし、総会は2時間かかることなく終わっており、

それほど長かったわけでもない。というわけで①で進めることにした。

　検査役チームの中では、篠田の指名により、金宮弁護士が反訳書を担当することになっている。金宮が1週間後の7月6日（火）に会社の一橋氏に電話して、文字起こしの進捗を確認したところ、一橋氏は慌てた様子でモゴモゴ言っていた。どうやら忘れていたらしい。電話してよかった。金宮がいつごろできそうかと尋ねると、一橋氏曰く「あと1週間くらいで仕上げます。」とのことだった。やっぱり忘れていたに違いない。

　7月14日（水）、一橋氏から金宮宛てにメール添付でワードファイルが送られてきた。これを秘書の丸川、金宮の順で二重にチェックした。7月19日（月）には反訳書完成版ができあがった。

1-14—7月26日（月）　調査報告書ドラフト提出

　調査報告書ドラフト担当である中村弁護士は、反訳書完成版を参照しながら総会当日の経過の記載を補充し、7月21日（水）にファーストドラフトを仕上げた。これを、篠田、金宮、秘書の丸川が一斉にチェックした。

　そして、7月26日（月）に調査報告書ドラフトとして、プリントアウトしたものとワードファイルとを、河合書記官に提出した。

1-15—8月4日（水）　調査報告書完成版を提出

　8月2日（月）、河合書記官から、「担当裁判官によるチェックが済みました。」と連絡があった。さっそく修正事項を見たところ、多少の字句訂正程度であった。

　速やかに修正を済ませ、最後にもう一度皆で全文チェックをしたうえで、8月4日（水）、調査報告書完成版（添付資料付き）を3部（裁判所用、会社用、株主用）作成し、河合書記官に提出した。

1-16—8月10日（火）　報酬決定

　その後まもなく、河合書記官からFAXで報酬決定に関する意見聴取書が

届いた（会870条1号）。篠田は「1. 別段意見はありませんので、然るべく決定してください」に〇を付けて返信した。

　8月10日（火）、裁判所は報酬決定を出した（会306条4項）。

1-17──8月16日（火）　裁判所からの連絡

　8月16日（月）、河合書記官から篠田に電話連絡があった。「株主側代理人から裁判所に上申書が届いています。これから転送しますので、意見を述べてもらえますでしょうか。」とのことだった。

　転送されてきた上申書を篠田が見たところ、「調査報告書10頁の3、(11)イに、第1号議案（会社提案）について出席番号20番の株主が賛成の拍手をしていたという記載があるが、この株主は、第2号議案の場合と同様に、第1号議案についても拍手をしていなかったのではないか。結果に影響のあることではないが念のため確認してほしい。」という趣旨のものであった。

　篠田、中村、金宮、丸川の4名で改めて会社の録画DVDと検査役録画とをチェックしたところ、少し見難かったが、議場前方から撮影していた検査役録画によって、第1号議案につき出席番号20番の株主が拍手している様子を確認できた。もちろん、議場で篠田と中村が現認した結果とも一致している。そこで、「改めて確認したが、調査報告書記載のとおりで誤りはない。」と書面で報告した。

┊　✦Topic✦　**総会シーズンの回想**
┊　　6月は株主総会シーズンである。6月上旬に招集通知の発送を終えると、各
┊　社は総会リハーサルと本番に向けて動き出す。
┊　　株主総会は、会社にとってきわめて重要な会議であり儀式である。前期の事
┊　業内容を株主に報告し、新たな役員の選任、定款変更、利益処分などを株主に
┊　て審議して決議し、当期3か月間の偶発事象があればそれに対処し、当期の、
┊　ひいては向こう1年間の会社の経営体制の基礎を固める。各社が株主総会のた
┊　めに基準日指定、決算、取締役会での決算承認、会社議案決定、招集決議、招
┊　集通知発送、主要株主への説明、想定問答の検討、リハーサルなど、本番に向
┊　けて相応の労力をかけるのも頷ける。株主提案があれば、そこでまた1つ仕事

が増える。しかし労力をかけるのは悪いことではない。これら作業を通じて、会社の１年間を見返して反省し、将来を展望するための絶好の機会であり、なくてはならない機会なのだ。四半期ごとにこれをやれと言われればうんざりするだろうが、年に一度ならばこういう機会は必要である。

　筆者（進士）が弁護士になったばかりであった1990年代前半には、株主総会といえば、まだ「シャンシャン総会」が当たり前だった。その一昔前の与党総会屋が仕切るタイプの総会（少し古い作品だが、第40回（1958年度下半期）直木賞受賞作品である城山三郎『総会屋錦城』（新潮文庫、1963年）などを参照。）はさすがに影を潜めていたが、まだその名残はあった。総会屋の代わりに社員株主が会場の要所を固め、シナリオに沿って「異議なし！」「議事進行！」と唱和して、総会屋や一般株主の発言（当時これらの発言をまとめて「不規則発言」といっていた）をし難くするというタイプの総会進行が幅を利かせていた。与党総会屋によるにせよ、社員株主によるにせよ、そこには、一般株主に対して会社の過去１年間の成績と状況を真摯に説明し、株主の付託を受けた取締役及びその長である代表取締役社長が会社の課題と未来を語って、そのために予定された議案を付議するという姿勢は乏しかった。30分程度の短時間で事業報告と議案の付議と質疑応答を終わらせ、会社提案議案が無事通りさえすればそれでよいという、中身はなくとも短時間で終わること自体が目的化していた。

　株主総会を担当する総務部長の仕事は、主要な株主と事前に面談し、調整をして、総会本番での質問を抑えることであり、総会で質問が出ようものなら総務部長や担当取締役の首が飛ぶなどということが実しやかに囁かれたこともあった。だからこそ利益供与事件も後を絶たなかったのであり、そういう時代からすれば、ずいぶん変わった。

　筆者が、最後に総会屋が発言するのを見たのは、ある上場会社の2004年（平成16年）の株主総会であった。その会社では前期に不祥事があり、当期もその影響から逃れられず株価が低迷していた。総会屋Ａ氏は招集通知発送まもなく、総務担当に訪問時刻を予告して会社を訪れ、不祥事と株価低迷をなじり、総会でその旨の発言をすると宣言し、暗に利便の供与を要求した。会社は弁護士立会いの下でＡ氏に会い、その発言を静かに聞いたが、それに何か答えるわけでもなく、もちろん彼の要求に応じるはずもなく、面談は30分で終わった。

　Ａ氏はその腹いせか、または宣言どおりというべきか、総会本番で質疑応答が終わりかけていたところで挙手し、発言を始めた。大時代的な羽織袴姿、左手に扇子を持ち、スタンドマイクの前で背筋をすっと伸ばして立ち、少し甲高い声で意見を述べる白髪オールバックの老総会屋は議場の目を引いた。5分を

経過したころから議長が何度か制止したが意に介さず。しかし、自らの意見を述べるだけで質問をするわけでもない。10分ほど経ったところで議場の雰囲気は明らかに倦んできた。正直言って内容は乏しかった。議長による何度目かの制止の後、25分を経過したところでA氏はやっとマイクから離れ、議長はうんざりした表情で「ただいまの株主様のご発言ですが、ご意見として承ります。」とだけ述べ、質疑を打ち切った。議場にホッとした空気が流れた。その翌年、A氏はもはや現れなかった。この年の株主総会の直後に持ち株を売却していたのだ。一単元株だった。

　株主総会は生き物である。時代を反映して変わってきた歴史がある。いくつもの曲折を経て今に至っている。そしてさまざまな評価はあろうが、よりよい会議体にするために各社が知恵を絞っている。会社、証券代行会社、弁護士、さまざまな人が関与して知恵を出し合って実務を作り上げる。法律が変わり、制度が変わり、それらを反映させてよりよい会議体になるよう努力している。現に確実に、よき会議体に変わってきている。

第**2**章　株主総会検査役の役割
会社、選任申立代理人、総会検査役の３方向からの分析

2-1─総会検査役の役割

1　総会検査役選任の趣旨・立ち位置

(1)　総会検査役選任の趣旨

　総会検査役が選任される趣旨は、株主総会の招集手続及び決議方法を調査して、裁判所に報告書を提供させることにより、①違法な決議がなされることを防止し、また、②事後に招集手続又は決議方法の違法性が訴訟で問題となった場合にその証拠を保全することにある[1]。

　総会検査役が有する権限にかかる規定はないものの、会社法306条１項が検査役選任の目的を「招集の手続及び決議方法の調査させるため」と定めており、検査役の調査はこれに関連するものに限られるべきことから、総会検査役は自己の**法的判断**を説明する義務を負わない[2]。また、検査役の調査事項に関する法的判断は、調査事項の報告を受けた裁判所が独自に行うことが予定されているので（会307条。その結果として、必要あれば裁判所が株主総会招集等の命令を行うことになっている。）、法的判断に立ち入る権限を有しないと解されている[3]。

(2)　総会検査役は適正な株主総会の運営に関する調整的役割を担うことを職務として求められるか[4]

　この点に関して、従来から、検査役は株主総会へのパターナリズム的な

1　会社法コンメ(7)116頁〔青竹正一〕。
2　会社法コンメ(7)123頁〔青竹〕。
3　阿部61頁。東京地方裁判所では、総会検査役選任時の事務連絡において、報告書に法的評価を加えないよう注意喚起を行っている。清水16頁。

（父権的な）関与を求められているか、言い換えれば、「適正な株主総会の運営」について**調整的役割を担う**ことが検査役の職務に含まれるかが論じられてきた。

　会社法の立案担当者は、検査役制度が設けられた理由につき、「株主総会の招集の手続や決議の方法が適切に行われたかどうかを調査するものであり、株主総会の手続の瑕疵等を原因とする事後的な紛争を避け、又はそのような紛争に備えるため」であると説明しており[5]、この「事後的な紛争を避け」という点を強調すると、上記の検査役の調整的役割につながる可能性が出てくる。例えば、議長が議長権限としての総会秩序維持権（会315条1項）を逸脱する形で、総会の秩序を必ずしも乱していない株主を一方的に退場させた場合や、多数の出席株主が挙手して質問を求めているにもかかわらず議長が打切りを宣言した場合において、検査役が自らの意思で総会において意見を述べることが職務として期待されているかという問題、また、職務ではないにしても、「適正な株主総会の運営」に資するのであれば**検査役の積極的関与が許容されるのではないか**という問題である。

　結論的には、職務には含まれない、そして積極的な関与は許容されてもいないと考えるべきであろう。なぜなら、①株主総会の担い手はあくまでも会社と株主であり、検査役の本来的職分は総会の招集手続・決議方法の調査及び報告であり、総会の招集手続・決議方法に問題があれば、それは株主総会決議取消しの訴え等を通じて是正・解決するという制度設計になっているし、②検査役が、総会を適正に運営させたいとの意図の下に任意に意見を述べた場合に、その意見が法的に誤りである等の理由によりかえって総会を混乱させる可能性があるからである。

　ただし、例外的に、会社・株主の合意に基づく共同議長方式の採用について、検査役が一定の関与をした事例として、後述のN社の案件（p.117）がある。この事例は、総会において意見を述べたりしたものではなく、総会にて共同議長方式を採用しようとして会社・株主が事前合意をすることに検査役が協力したものであるが、一定の関与をしたという意味では例外的部類に

4　この論点につき阿部60頁。
5　相澤哲−細川充「株主総会等」商事法務1743号（2005年）24頁。

属すると共に、関与が許容される限界事例ともいえよう。

(3) 検査役選任申立人は検査役の調査範囲を限定することができるか

　他方で、申立人が**検査役の調査範囲を限定することの可否**（検査役の調査範囲は、申立人が検査役選任申立書にて調査を求めた点に限定されるか）も問題になる[6]。

　①会社法306条 1 項は検査役の調査の範囲につき「招集の手続及び決議の方法」と概括的に定めていること、②同項は調査の目的ないし対象を限定して検査役選任申立書に記載するよう求めているわけではないこと、③現行の検査役の制度が、会社及び株主一般のために株主総会の公正さを担保するためのものであること、④会社法制定時に申立人の範囲を株主のみならず会社にまで拡げた経緯を見ても、検査役の役割は少数株主の保護に止まらず、株主総会の公正な運営と事後の紛争の防止にあること、⑤検査役はいったん選任されれば、申立人のためだけではなく、会社・株主全体のために任務を遂行することが期待されていること、などからすれば、申立人による調査範囲の限定は容認できないとして、非限定説が通説となっている[7]。

2　株主総会の証拠化

　総会検査役は、招集手続から株主総会の終了までを記録化して、報告書にまとめる。この報告書が、後日の決議取消訴訟の証拠資料になる。

　招集手続に関しては、基本的に、会社から提出される**資料の収集**が主な仕事であり、検査役が具体的に見分するのは株主総会である。株主総会では、検査役は議場内に着席して、受付の状況、議長の議事進行、株主の反応、決議の様子、会社による票のカウント方法などを見分する。議場及びその舞台裏で行われた一切が報告の対象となる。

　総会検査役自ら、又は総会検査役の提案・指示に基づいて会社が株主総会

6　阿部59頁は、この論点について詳細な検討をしている。
7　垣内正「総会検査役選任申請」山口和男編『裁判実務大系(21)会社訴訟・会社非訟・会社整理・特別清算』（青林書院、1992年）259頁参照。

をビデオ撮影し、これを映像・音声記録として、検査役報告書の添付資料の形で提出することが多い。さらに、同記録媒体を元に、議場で発言されたすべての内容を反訳書に起こし、これを同添付資料（文書記録）として提出することも多い。

> ▶Refer◀　第1章の事例では、株主総会全体の撮影及び反訳書の作成は会社に委ねており（p.38）、会場下見の際に会社の設置したカメラ位置を確認している（p.15）。ポイントとなる場面では、検査役補助者が持参したビデオで撮影している（p.24）

3　違法行為の抑止力

　検査役は、株主総会の準備段階から会社側と、場合によっては提案株主側も含めて打合せを行う。したがって、両陣営ともに自ずから適法性を意識した対応をせざるをえなくなり、強引な総会進行をし難くなる。その結果、少なくとも検査役が選任された後の対応については、総会決議取消訴訟の対象になるような違法行為は行われなくなることが期待される。
　また、検査役の選任申立て又は選任決定を契機として、両陣営に代理人弁護士が就任することが一般的であるから、そのこと自体が違法行為の抑止力となりうる。

4　総会検査役の調整機能（創造的役割論）

　平成17年改正前商法では会社による総会検査役の選任申立てが認められていなかったこともあり（旧商法237条ノ2第1項）、同改正後も含めて長らく、株主側が総会検査役選任申立てをする事例が多数であった。会社法306条によって総会検査役の選任申立ての主体に会社も加えられたのは、株主総会の手続の公正を客観的に担保するために検査役の関与を求めることは意味があり、手続的瑕疵などを原因とする紛争を防止するために会社自身が検査役による調査を行う必要性がある場合も存在するからである[8]。

　会社法の下で**会社**が**選任申立て**を行うのは、上記①②に加えて、総会検査役が中立的存在として提案株主との調整機能を発揮することで、円滑な総会運営がなされることを期待してのことと思料される。東京地裁のデータ[9]によれば、令和元年から令和3年にかけて行われた申立ての3割～5割は会社が行ったものである。

　すなわち、2010年3月31日付けで「企業内容等の開示に関する内閣府令等の一部を改正する内閣府令」（平成22年内閣府令第12号）が公布・施行され、**臨時報告書**による「決議事項に対する賛成、反対及び棄権の意思の表示に係る議決権の数、当該決議事項が可決されるための要件並びに当該決議の結果」の開示が義務付けられたものの（証券取引法24条の5、同府令19条2項9号の2）、議決権行使結果の集計を義務化したわけではない[10]。そのため、株主には、会社が適切に票をカウントしているか（収集した委任状が不当に扱われていないか）は、後日訴訟提起をしたり、又はその前段階の議決権行使書面の閲覧謄写請求（会311条4項）を行うまでは判然とせず、これが会社に対する不信の源泉となる。他方で会社側も、株主側が適法な**委任状勧誘**を行っているか、**議長不信任動議**をはじめ議場でどのような戦術をとるのか見えないことが、株主側に対して疑心暗鬼になる。

　双方申立ての場合などには顕著であるが、検査役は株主総会当日の検査の準備のために、あらかじめ両当事者と打合せを行い、可能な限り双方の懸念点を解決すべく調整をする。これらの調整は、株主総会で不測の事態が起こると調査自体に支障が生じうることから、第一義的には検査役が正確な調査を行うための準備ではあるが、副次的に、両当事者の争点を調整することになり、取消訴訟をはじめとする後日の紛争を防止する効果も生じる。

　一例を挙げると、株主総会の前日までに、検査役及び両当事者立会いの下に、（主に株主側提出の）委任状の有効確認をすることがよくある。これを行うためには、予め会社が検査役を通じて株主側に対して**委任状有効性判断基準**を提示する必要があるから、株主側に客観的な有効性判断基準を与えるこ

8　相澤哲編著『一問一答・新会社法〔改訂版〕』（商事法務、2009年）91頁。
9　「座談会」7～8頁。大阪地裁における平成28年度～令和3年度の検査役選任申立事件数（ただし、業務執行検査役も含まれる）につき、商事法務2274号（2021年）13頁。
10　同府令に係る「コメントの概要及びコメントに対する金融庁の考え方」8頁。

とになり、恣意的に会社が株主側提出の委任状を無効カウントしているのではないかという株主側の疑念を払拭することができる。会社側も、株主総会開催直前に大量の委任状を持ち込まれて受付業務に支障を来すような事態を防止できるほか、ある程度事前の票読みが可能になり、予測可能性のある総会運営を期待できる。

> ▶Refer◀　第1章の事例では、会場での下見の際に、検査役が両当事者の代理人と共に、1通ずつ委任状の確認を行い、有効無効の共通理解を形成している（p.17）。

2-2──総会検査役の選任申立て──会社の立場から

1　株主総会決議は、後日覆されることがある

　株主総会は株式会社の最高意思決定機関であり、役員の選任をはじめ、会社の重要事項を決める。決議に瑕疵がある場合にすべてを無効とするのでは、当該決議が有効であることを前提として行われたすべての行為の効果が覆滅されることにつながり、法的安定性を害する。そこで、比較的瑕疵が軽微な場合には、速やかにその有効性を確定する必要があることから、原告適格・出訴期間を制限した**決議取消しの訴え**が設けられている（会831条1項）。また、瑕疵が軽微でない場合には、原告適格・出訴期間の制限のない無効確認の訴え（会830条2項）及び不存在確認の訴え（同条1項）が設けられている。

　決議取消事由の例として挙げられるのは、招集通知漏れ、招集通知期間の不足、取締役会決議を経ない代表取締役による招集、取締役・監査役の説明義務違反、定足数・多数決の要件不足などである。決議無効事由の例として挙げられるのは、欠格事由のある者を取締役・監査役に選任する決議、株主平等原則に違反する決議などである。不存在確認事由の例として挙げられるのは、招集通知漏れが著しい場合、代表取締役以外の取締役が取締役会決議に基づかないで株主総会を招集した場合などである[11]。

ア　決議取消しの訴え

ⅰ）決議取消事由（会831条1項）

・株主総会等の招集の手続又は決議の方法が法令若しくは定款に違反し、又は著しく不公正なとき（同項1号）株主総会等の決議の内容が定款に違反するとき（同項2号）

・株主総会等の決議について特別の利害関係を有する者が議決権を行使したことによって、著しく不当な決議がされたとき（同項3号）

ⅱ）訴訟当事者

　a　原告適格

　　「株主等」すなわち、株主、取締役（清算人）、執行役又は監査役（監査の範囲が会計に関するものに限定された者を除く（会2条9号、389条1項参照））のみが有する（会831条1項柱書、828条2項1号）。

　b　被告適格

　　会社のみが有する（会834条17号）。

ⅲ）訴えの手続

　a　出訴期間

　　決議の日から3か月以内に提起しなければならない（会831条1項柱書）。

　b　判決の効力

　　原告が勝訴し判決が確定すると、その判決は第三者に対しても効力を有する（会838条）。当該決議は遡って無効となる（会839条参照）。

　c　訴えの利益

　　決議の取消しの訴えは形成の訴えなので、決議後の事情変化により形成判決を得る実益が失われたような例外を除き、原則として、法定の要件が満たされる限り当然に訴えの利益が認められる。

ⅳ）裁量棄却

　　決議取消事由が存在しても、その瑕疵が招集手続又は決議方法の法令・定款違反の場合においては、裁判所は、①その違反する事実が重大でなく、かつ、②決議に影響を及ぼさないものであると認めるときは、裁判所は決議取消しの請求を棄却することができる（会831条2項）。

イ　決議無効確認の訴え

ⅰ）決議無効事由

　　決議内容が法令に違反することが無効事由となる（会830条2項）。

ⅱ）訴訟当事者

　　原告適格は、確認の利益が認められる限り制限はない。

　　被告適格は、会社のみが有する（会838条16号）。

ⅲ）訴えの手続

　a　出訴期間

　　制限はない。もっとも、会社の組織に関する行為（吸収合併等）の無

効確認の訴えの提訴期間の経過により、当該行為に関する総会決議の無
効確認の訴えを提起できなくなることはある。
　b　判決の効力
　　原告が勝訴し、決が確定すると、その判決は第三者に対しても効力を
有する（会838条）。

ウ　決議不存在確認の訴え（会830条１項）
　ⅰ）不存在事由
　　決議が物理的に存在しない場合のほか、招集通知漏れの程度が著しい場
合（最判昭和33年10月３日民集12巻14号3053頁）等、何らかの決議はあっ
てもかかる決議が存在すると法的に評価できない場合も、不存在事由に該
当する。
　ⅱ）訴訟当事者
　　原告適格は、確認の利益が認められる限り制限はない。
　　被告適格は、会社のみが有する（会838条16号）。
　ⅲ）訴えの手続
　　a　出訴期間
　　　制限はない。
　　b　判決の効力
　　　原告が勝訴し判決が確定すると、その判決は第三者に対しても効力を
有する（会838条）。

２　総会検査役選任申立ての検討

⑴　会社が申立てをしたほうがよい場合
　2-1で述べたような**総会検査役選任による調整機能**（p.43）に鑑みれば、
検査役の選任申立ては、会社と提案株主が対立している株主総会事案全般に
おいて紛争の防止に資することになる。その中でもとりわけ、提案株主側が
委任状勧誘を行っている場合や、特定議案への賛否の拮抗が予想される場合
には有用性が高い。また、株主側の不測の動きを牽制するために、総会検査
役をある種のレフェリー役として、株主側との間で**ルール設定**を行うことも
期待できる。他には、事前の票読みで会社提案議案への賛成多数が見込まれ
る場合であっても、総会検査役の選任を適時開示することによって、株主側
による後日の蒸し返しを牽制するという意味や、対外的に公正さをアピール
する趣旨で会社が申し立てるケースもある。
　反面、会社が総会検査役選任を申し立てる場合には、自らも厳正かつ公正

な手続を要求されることを、あらかじめ覚悟しなければならない。例えば、関西スーパーマーケットの事案（p.100）では、検査役が選任されていなければ、おそらくは棄権票を賛成票に読み替えたこと[12]を株主側は探知しえず、したがって後日の仮処分命令申立てを行えなかったであろう。また、検査役を意識して、詳細すぎるルールを策定してしまうと、議長の裁量権が萎縮的に[13]行使されるリスクもあることには注意が必要である。

(2)　スケジュール等

　総会検査役の選任は、株主総会が終了する前になされなければ、申立ての利益が失われてしまうが[14]、その他に申立時期の制限はない。

　裁判所は、申立てから選任決定まで速やかに対応してくれることが多いが、申立書類の不備があれば申立人の側で補正が必要になり、その分株主総会本番までの準備期間は短くなってしまう。また検査役からすれば、十分な準備時間を与えられてこそ[15]、検査役は精度の高い調査及び事前調整機能を発揮できるから、申立人はできる限り時間的余裕をもって申し立てることが望ましい。株主申立ての場合には、株主が**株主総会招集通知**を受領して株主総会開催日時及び会社提案議案を確認した後に申し立てることになるからやむをえない面もあるが、会社申立ての場合には、会社が事前に株主総会の開催スケジュール及び議案につき把握しているので、招集通知発送前に申し立てることも可能であり、またそうすることが望ましいと思われる。

---

[12]　関西スーパーマーケットの事案においては、対象株主の議決権行使につき会社が棄権票を賛成票に読み替えたことについて、裁判所は結果的に適法と判断したが、第1審判決は違法と判断している。

[13]　ルールを細かくしすぎる弊害について、「議長の裁量が小さくなり、臨機応変な対応が取りにくくなってしまう恐れもある」とのOK側代理人石塚洋之弁護士の所感が参考になる（関西スーパー争奪236頁）。なお、同書「議長の裁量に重み」の章の末尾（同書224頁）参照。

[14]　東京高判昭和59年7月20日判タ540号317頁。

[15]　総会検査役は中立の立場で調査を行う者であるから、申立人が裁判所に検査役候補者を推薦することは認められていない（検査役候補者が必ずしも多くない地方裁判所に申立てをする場合に、申立人が裁判所側の事情を慮って、念のため候補者を用意して、裁判所の判断に委ねることはあるかもしれない。筆者（進士）も、そのような経緯で、関東某県の地方裁判所にて、申立人の推薦を受けた上で検査役に就任したことがある。）。したがって、裁判所が検査役候補者を探索するのに一定の時間がかかる。また、選任された検査役は申立書を受領して初めて事案の概要を知ることになるので、その準備期間を確保する必要もある。したがって、申立人は総会開催日の一定期間の余裕を見て申立てをすべきである。

図表：株主総会検査役選任申立てからの標準的スケジュール

	株主総会の準備等	総会検査役の選任
	株主総会招集決定	
４週間前		総会検査役選任申立て
３週間前[16]		審問期日・選任決定
２週間前[17]	招集通知の発送	
	株主総会準備	総会検査役を交えての打合せ
当日	株主総会の開催	臨場調査
40日後		報告書の提出
３か月後	総会決議取消訴訟の提起期限	

　選任申立後は、株主申立ての場合において会社に反論の機会を与え（主に申立人の議決権保有要件に関して）、また検査役への理解・協力を求めるために、手続の迅速性を損なわない範囲で、検査役選任前に裁判所が、指名した検査役候補者弁護士を交えて、**審問期日**を開くのが通常である[18]。審問期日は、総会検査役の選任に関する審理を行う場ではあるが、会社法306条所定の形式要件さえ充たせば検査役候補者が検査役に選任されることは明らかであり（同条３項）、しかも会社及び株主との利害関係を有しない中立的立場にある弁護士が選任されるため、その選任自体が問題となることはほとんどない[19]。

　むしろこの審問期日は、裁判所が間に入った形での打合せをするほぼ唯一の機会であり、検査役候補者と双方関係者との実質的な初回打合せという意味で貴重である。申立人は、申立時には提出が間に合わなかった資料などを

16　筆者らが担当した全ての案件（非上場会社５件、上場会社６件。同一会社の株主総会であっても株主総会開催期日が異なる場合には別個のとしてカウントしている。）を調査したところ、申立日から選任決定までの平均日数は６〜７日である。ただし、会社申立て（特に上場企業）の場合には日程に余裕をもって申し立てられる場合が多く、株主申立てに関しては２〜３日で選任決定される例もある。
17　非公開会社の場合には１週間。その他定款で短縮している場合もある（会299条１項）。
18　大竹ほか編263頁〔村尾和泰〕。
19　検査役選任決定に対する不服申立ては認められない（会874条１号）。

できる限り準備し、期日を有効活用することが望ましい。

　裁判所は、審問期日後に（通常は審問期日のその場で又はその直後に）**選任決定**をする。その後は、会社側・株主側がそれぞれ総会検査役との打合せや調査要請に協力し、株主総会当日を迎えることになる。

　株主総会終了後に、検査役は**報告書**を裁判所に提出する（会306条5項）。この報告書は、後日の株主総会決議取消訴訟（除斥期間は株主総会の日から3か月以内。会831条1項柱書き）等における重要な証拠資料になることが予定されているから、裁判所は、これを踏まえた**提出期限**を検査役に提示する[20]。

(3) 費　用

　総会検査役選任を申し立てるに当たり、申立人は、主に検査役の報酬金となる**予納金**をおさめる必要がある。東京地方裁判所の場合には、非上場会社と上場会社とで分かれているようである。予納金の額については、申立前に管轄裁判所に事前に問い合わせるのも一方法である。

　また、代理人弁護士に申立てを依頼する場合には、別途、弁護士委任契約に基づいて弁護士費用がかかることになる。株主総会の運営指導を顧問弁護士等に依頼している会社の場合には、その弁護士に申立てを依頼することが多いと思われる。

2-3—選任申立て及びその後の手続——申立人代理人の立場から

1　申立人

　申立人は、会社又は一定の議決権保有要件を満たす株主でなければならない。

　株主の議決権保有要件は、総株主の議決権の100分の1（これを下回る割合を定款で定めた場合には、その割合）以上の議決権を有する株主であることである（会306条1項）。

　ここでいう「総株主」の母数の計算にあたっては、ⅰ取締役会非設置会社

の場合には、「株主総会において決議することができる事項の全部につき議決権を行使することができない株主」を除き、ⅱ取締役会設置会社の場合には、株主総会の目的事項があるときは、当該事項の全部につき議決権を行使することができない株主を除く（会306条 2 項）。

　さらに、公開会社の場合には、総株主の議決権の100分の 1 （これを下回る割合を定款で定めた場合には、その割合）以上の議決権を、 6 か月前（これを下回る期間を定款で定めた場合には、その期間）から引き続き有する株主でなければならない（会306条 2 項前段）。

　申立人適格を欠く申立ては、却下される（会306条 3 項）。却下決定には理由を付する必要があり（会871条柱書本文）、申立人はこれに対する即時抗告をすることができる（非訟66条 2 項）。

　他方で、**選任決定**に対しては理由を付する必要がなく（会871条 2 号）、申立人はこれに対する不服申立てをできない（会874条 1 号）。

　なお、会社法306条は特例有限会社には適用されないので（整備法14条 5 項）、特例有限会社及びその株主は、検査役選任の申立てをすることができない。

2　管　轄

　検査役選任命令申立て事件は会社非訟事件であり、したがってその**管轄**は、会社の本店所在地を管轄する地方裁判所である（会868条 1 項）。

3　申立書の作成

⑴　申立ての趣旨及び申立ての理由
　前記 1 のとおり、検査役の調査対象を限定して記載する必要はない（限定できない）ことから、申立ての趣旨の記載は、後述の**申立書記載例**（p.58）のような定型文言で足りる。

　申立ての理由には、①申立適格に関する要件、②株主総会開催日時、議案の概要などの外形的事実のほか、③紛争の要点など総会検査役の選任を求める理由を記載する。

(2)　添付書類

以下の書類が添付書類として要求される。

① 　対象となる会社の登記事項証明書（非訟規 3 条 1 項 1 号）

② 　委任状その他資格証明書（非訟規16条 1 項、12条、14条、民訴規15条前
　　段）

③ 　総会検査役用の申立書及び証拠書類の写し（非訟規 3 条 2 項）

　なお、申立人が株主の場合には、会社への送付用の申立書の写し及び証拠
書類の写し各 1 部が必要となる。

(3)　調査対象を記載すべきか

　2-1・1(3)に記載したとおり、検査役の調査対象は「招集の手続及び決議
の方法」の全般にわたる（p.45）。したがって、申立人が例えば招集手続の
みを調査してほしいと考え、その旨を申立書に記載したとしても、検査役は
当然に決議方法も調査対象とする。

　しかしこのことは、申立人が申立書に調査の目的及び対象を限定して書い
てはならないということまでは意味しない。検査役の立場からすれば、申立
ての目的及び対象を限定して記載してもらったほうが、検査役選任の意図、
当該株主総会に潜む事実関係及び法的問題点を早期に把握することが可能に
なり、調査の重点をどこに置くべきか指針を立てるのに資するからである。
仮にこれらのことが申立書に書かれていなくても、選任後の申立人との打合
せの中で、検査役はポイントの把握に努めることになる。

　もっとも、検査役は中立な立場で検査に当たることから、申立人の希望す
る調査対象を参考にしつつも、その範囲に調査対象を絞ることはないし、逆
に申立人の希望する調査対象が広範囲にわたる場合にそのすべてを調査対象
とすることもない。

　なお、調査対象の希望を伝えるとしても、その対象はあくまでも事実関係
である。検査役の調査対象は事実関係に係る法的見解には及ばないから、株
主総会においてある事象に関する法的見解を求めたり、それを報告書に記載
するよう求めたりすることはできない。

(4)　証拠書類

　申立人が調査を求めたい事項に係る証拠書類が必要となるのは当然のこととして、前記 1 のとおり、検査役は招集手続及び決議方法全般について調査をすることから、調査報告書（後記2-4・3〔p.76〕参照）に添付されるような書類を、申立人は積極的に提出する必要がある。したがって、これらの書類を予め証拠書類として提出することが望ましい。

　もっとも、証拠書類は裁判所の選任決定に支障のないものであれば後日追完することも可能であること、特に株主申立ての場合には会社の資料を十分に入手しえないことから、証拠書類の収集に時間がかかるのであれば、早期の申立てを優先すべきである。

ア　申立書段階で添付されていることが望ましい証拠書類
① 定款
② 株主総会招集通知
③ 株式取扱規程
④ 株主総会招集を決議した取締役会議事録
⑤ 株主提案書

イ　株主申立ての場合に必要な資料
① 株式保有要件を満たした株主であることを証明する資料（会社発行の証明書、株券、株主名簿等）
② 上場会社の場合には、口座管理期間に対し個別株主通知の申出をしたことを示す受付票（社債株式振替154条 2 項、3 項参照）

4　申立後の留意点

　申立後は、審問期日その他任意に設けられる打合せの場において、検査役、相手方当事者との調整を行うことになる（後記2-4・2(2)〔p.66〕）参照）。調整の中では、想定している戦略を一定程度開示しなければならないが、情報提供はまず検査役に対して行うところ、その際に検査役にのみ開示をする情報であるのか、相手方当事者にも開示をする情報であるのか、注意して伝える必要がある。

　また、多くの会社は定款で、**株主の議決権行使を代理する資格を株主に限**定する旨を定めている。したがって、会社側の代理人弁護士は総会事務局と

して議場に入り議長にアドバイスできるが、株主側の代理人弁護士は議場に入る権利を有するわけではない[21]。そこで、株主側代理人は検査役を通じて会社側に対し、どの程度の関与が認められるか交渉することになる。入場を断られる場合、オブザーバー席への着席は認められるが株主へのアドバイスは不可とされる場合、代理人としての同席を特別に認められる場合などさまざまであろう。

5　総会後の対応

　株主側が総会検査役選任申立てをした場合に、株主総会にて望む結果が得られなかった場合には、株主側（の代理人）は、検査役作成の報告書も参考にしながら、決議取消しの訴えなどにより株主総会決議の効力を争うかを検討することになる。

　どちらが申立てをしたかにかかわらず、株主総会にて望む結果が得られた場合には、その後の特段の対応は不要である。ただし、裁判所が会社の取締役に対し、一定の期間内に株主総会を招集することや、検査役の調査の結果を株主に通知することを命じた場合には（会307条1項）、裁判所が総会取消事由や不存在事由があると判断し、他方で株主等が決議取消しの訴え等を提起するなどのアクションをとっていない状況下で、会社に早期に決議のやり直し等の是正措置を講じさせることが、総会を巡る紛争解決のために妥当であると裁判所が判断したことを意味する[22]。会社側に弁護士が関与している場合には、裁判所がこれらの命令を下すことは稀であろうが、仮にこれらの命令を下されたときは、再度株主総会を開催して再決議をする必要性について検討を要する。

---

[21]　この点について、札幌高判令和元年7月12日金判1598号30頁が、非株主である弁護士の代理人出席を認めなかったことを法令違反であるとした上で、決議取消しを認容したことが注目される。
[22]　阿部62頁。

申立書記載例

総会検査役選任申立書

1000円 貼付

（※　割印不可）

令和3年6月1日

東京地方裁判所民事第8部　御中

申立代理人弁護士　　○　○　○　○　㊞
〒○○○-○○○○　東京都○○区○○町○丁目○番○号
申　立　人　　アヅチオダ産業株式会社
（送達場所）〒○○○-○○○○　東京都○○区○○町○丁目○番○号
○○法律事務所
同代理人弁護士　　○　○　○　○
TEL　03－0000－0000
FAX　03－0000―0000
〒○○○-○○○○　東京都○○区○町○丁目○番○号
関係人　株式会社羽柴興産
同代表者代表取締役　羽柴太郎

申立ての趣旨

　関係人の令和3年6月29日（水）開催予定の定時株主総会に係る招集の手続及び決議の方法を調査させるため、検査役の選任を求める。

申立ての理由

1　申立人は、関係人の総株主の議決権（議決権総数12,345個）の100分の1以上の議決権に当たる500個の議決権を、6ヶ月前から引き続き有する株主である。申立人は、振替機関が関係人に対して個別通知を行ってから、4週

間以内に本件申立てを行っている[23]。

2　関係人は、令和3年6月29日に定時株主総会(以下「本件株主総会」という。)の開催を予定している。

3　本件株主総会においては、会社及び申立人のそれぞれの取締役選任議案並びに申立人をターゲットとした買収防衛策に係る議案が決議事項とされる予定である。

4　会社は、買収防衛策をはじめ申立人を排除する姿勢を鮮明にし、会社提案議案に賛成するように各株主に対する働きかけを強めており、票の取扱いを巡って紛争が生じるおそれがある。

5　よって、申立人は、会社法306条1項、2項に基づき、本件株主総会の招集の手続及び決議の方法を調査させるため、総会検査役の選任を求める。

証拠書類

甲1　　　関係人の定款写し
甲2の1　個別株主通知の申出受付票
甲2の2　個別株主通知済通知書
甲3　　　IR情報

添付書類

関係人の登記事項証明書　　　1通
委任状　　　　　　　　　　　1通
申立書写し　　　　　　　　　2通
甲号証写し　　　　　　　　　各3通

以上

23　申立人会社が、公開会社である取締役会設置会社である場合を想定している。

6　他の制度の検討（主に株主側代理人の立場で）

(1)　隣接する制度

　総会検査役の選任申立てをするに当たり、他の制度を用いたほうがよいか
は、検討の対象となる。特に、株主側代理人の場合で、現経営陣に問題行為
があると考える場合には、以下の制度の検討が考えられる。

　　ア　業務執行検査役／株式会社の業務・財産状況の調査者

　少数株主は、「会社の業務の執行に関し、不正の行為又は法令若しくは定
款に違反する重大な事実があることを疑うに足りる事由があるとき」（会358
条1項）には、業務執行検査役の選任申立てをすることができる。選任され
た**業務執行検査役**は、「会社の業務及び財産の状況」を調査する。選任され
た事例は必ずしも多くない[24]。

　また、少数株主による株主総会の招集請求（会297条）に基づき、取締役
による招集又は裁判所の許可に基づき当該少数株主が招集をした場合には、
株式会社の決議に基づき、「**会社の業務及び財産の状況**」の**調査者**を選任す
ることができる（会316条2項）。調査者の選任は、業務執行検査役とは異な
り、会社法358条1項所定の不正行為等の要件は不要である。

　株主総会検査役が検査を行うのは、選任後に開催される株主総会について
のみである。これに対し、業務執行検査役や業務・財産状況の調査者は、過
去に行われた株主総会についても調査対象となる。㈱東芝が調査者を選任し
た事案では、過去に行われた株主総会の議決権集計問題（いわゆる「先付処
理」の問題を含む）が調査対象となり、議決権行使書の受領について詳細な
調査がなされた[25]。

　　イ　閲覧謄写請求権

　株主は、計算書類等閲覧謄写請求権（会442条3項）、会計帳簿等閲覧謄写
請求権（会433条1項）、株主名簿閲覧謄写請求権（会125条2項）を通じて、
株主総会前に会社の情報を得ることができる。

24　選任された事例として、牛島信「少数株主の救済で日本経済は甦る」月刊文藝春秋2023年2
　　月号631頁。

(2) 職務執行停止の仮処分

　会社の代表取締役が株主の有する議決権の行使を不当に害しているような場合には、職務執行停止の仮処分が認められることがある。総会検査役選任申立てと並行して審理されていることもままある。

　代表取締役に対する職務執行停止の仮処分が認められた場合には、**職務代行者**が選任されるが、職務代行者は、裁判所の許可を得ない限り「株式会社の常務」に属する行為しかできない（会352条1項）。株主総会の招集が職務代行者の「常務」に含まれるかは学説が分かれているが、臨時株主総会の招集は常務に属さないと判示した最判昭和50・6・27民集29巻6号879頁に基づけば、職務代行者は株主総会の招集にあたり、予め裁判所の許可を得ておくことが無難である。

2-4—総会検査役の調査の概要——総会検査役の立場から

1　調査の対象

　総会検査役の調査対象は、①株主総会に係る招集の手続及び②決議の方法である（会306条）。

　そのすべてが調査対象となりうるが、後日、株主が総会決議取消しの訴え（会831条）を提起した場合の証拠となる報告書の作成が第一義的な職務になることからすれば、過去に同条の取消事由として争われた論点や、現に関係者間で争点として顕在化している争点を重点的に調査することになる。

25　主争点となったのは、議決権行使に対する圧力問題であるが、議決権集計問題との関係では、「先付処理」（大量の議決権行使書の集計を行う業務時間を確保するために、議決権行使書集計業務の受託会社が、日本郵便に対し少しでも早く配達するよう特殊な配達運用を要請し、同運用で議決権行使期限内に配達された議決権行使書を、本来であれば翌日に配達されたはずのものであるとして、議決権の集計上は無効と取り扱っていた処理をいう。）が問題となった。調査者は、資料調査、関係者のヒアリング調査、Eメールのデジタル・フォレンジック調査などの手法を用いて、まず先付処理の全体像を明らかにし、先付処理自体が不適法・不適正なものであることを前提に、東芝の先付処理に対する関与や認識はなかったと結論づけた。さらに、先付処理以外に東芝に有利になるような議決権行使書集計上の不正（具体的には、東芝にとって不利となる議決権行使書を、実際には期限内に到着していたのに期限後到着とするような不正）の有無についても調査し、賛否傾向の検証などにより、不正はなかったと結論づけた。

　検査役は、調査報告書の中で自らの法的意見を記載することはないが、調査対象の濃淡をつけるという意味で、法的な問題意識は表明しているともいえる。例えば、関西スーパーの事案（p.100）で、票のカウント中に棄権票が賛成票に変更された事実のみを先行して報告したのが、最たる例である。

(1)　招集の手続の調査

ア　招集決定までの経緯

　取締役会設置会社では、取締役会が**株主総会の招集決定**をする（会298条4項・1項）。取締役会決議を経ないで招集手続をしたことが株主総会の決議不存在事由[26]や取消事由になること[27]もあるが、これらが争点となることは稀であり、検査役としては取締役会議事録の確認をもって足りることが多い。仮に争点となる場合には、取締役会の開催形態や招集手続（会368条。招集通知もれについて最判昭和44年12月2日民集23巻12号2396頁[28]ほか）などが調査対象となりうる。

　特殊なケースとしては、小規模な会社で総会の招集手続が省略される場合（株主全員の同意があるとき。会300条）や、株主が招集請求をした場合（会297条）には、その手続過程が調査対象になりうる。

　また、株主の議案提案（会304条）や議案要領の通知請求（会305条）があった場合には、当該株主が保有株式割合要件や株式保有期間要件を満たしているか、提案期限を遵守しているか、提出議案の数的制限を超過していないか（会305条4項）などを確認するほか、提案議題・議案が招集通知にどのように反映されたかを調査し、報告書に記載する。

イ　招集通知発送の対象となる株主

　会社の定款を見て単元株の規定を確認したうえで、議決権を有する株主の要件を確認する。株主の確認は会社から株主名簿の提出を受けることで足り

26　取締役会決議を経ることなく代表取締役以外の取締役が招集手続をした場合。最判昭和45年8月20日判時607号79頁。

27　代表取締役が取締役会の決議によらないで招集手続をした場合。東京高判昭和30年7月19日下民集6巻7号1488頁。

28　取締役会の招集につき一部の取締役に対する通知もれがあった場合には、特段の事情のない限り、取締役会決議が無効となるが、その取締役が出席してもなお決議の結果に影響を及ぼさないと認めるべき特段の事情があるときは、決議は有効であると判示された事例。

るが、上場企業など規模が大きい会社の場合には、株主の全体像を把握するために株主分布表・統計表などの資料を受領し、参考にするとよい。

　株主の資格が争われている場合には、株主名簿の名義書換請求書や、株式譲渡承認に係る取締役会議事録が、調査対象になりうる。また、基準日後株主に対する議決権付与がなされている場合（会124条4項）には、議決権付与に係る取締役会議事録などが調査対象となりうる。また、グループ会社における相互保有関係（会308条1項括弧書き参照）や、カストディアンを通じて株式を間接保有している株主の取扱いについても確認を要する[29]。

　株主提案権が行使されている場合には、必要な株式数等の要件（会303条）を確認し、当該株主が証券保管振替機構を通じて個別株主通知を行っているか（社債株式振替154条3項）、同通知がされた後政令で定める期間（4週間。社債株式振替令40条）内に株主提案権の行使をしているか（社債株式振替154条2項）を調査する。

　　ウ　招集通知の発送

　一部の株主に対する招集通知の発送漏れは決議取消事由になりうる（最判昭和42年9月28日民集21巻7号1970頁）ことから、注意すべき調査対象となる。

　招集通知は発信主義なので（会299条1項）、株主への到達の調査までは不要である。上場会社の場合には証券代行会社が招集通知を株主に宛てて一斉発信するので、郵便物差出票に記載された通数と、議決権ある株主数が整合しているかを確認する。この場合でも、招集通知の一部を会社が株主に直接交付していることもあるので、関係者から事情を聴取する必要がある。

　なお、招集通知の電子提供制度（会325条の2）によって2023年3月以降に行われる上場会社の株主総会では、招集通知が電子提供されることになる。ただし、一部の株主から書面交付請求（会325条の5）が行われている可能性があるので注意を要する。

　　エ　招集通知の同封物等

　招集通知は他の書類と同封されているケースが多く、その場合には、同封書類や、招集通知発送後株主総会当日までの間に株主に対して送付した書類も調査対象となる。会社が議決権行使に関連して株主に利益供与（会120条

29　「座談会」28頁。

１項）をしたような場合に、決議方法の法令違反が争点になりうるからである（東京地判平成19年12月6日商事法務1820号32頁。モリテックス株主総会決議取消請求事件[30]）。

　また、金融商品取引法194条の規制を受ける委任状勧誘（同法施行令36条の２以下、上場株式の議決権の代理行使の勧誘に関する内閣府令）が行われている場合には、委任状・参考書類その他の勧誘書面を取得して、総会当日までの勧誘行為を記録する。委任状勧誘やその他の議決権行使に係る呼びかけは、ホームページ上で行われることもあるので、その内容を確認して必要に応じて報告書に記載する。

(2) 決議方法の調査について

ア 決議結果の集計プロセス

　会社がどのようなプロセスで集計結果を算出したかという点が、最も重要な調査対象となる。以下の諸点を把握して、調査を進めることが望ましい。

(ア) 議決権の事前行使
① 議決権行使書の有効要件（記載漏れや誤記があった場合）
② 電子行使（議決権行使書による行使と併せて以下「事前行使」という。）の仕組み
③ 事前行使の期限の管理方法
④ 議決権行使書、電子行使の重複を検知する方法及び重複した場合の取扱い
⑤ 議決権行使書の保管方法

(イ) 委任状
① 委任状の有効要件（記載漏れや誤記があった場合）
② 委任状が重複した場合の優劣関係。仮に、最も新しい委任状を有効とした場合の、先後の判断基準。
③ 委任状の本人確認方法

(ウ) 当日の投票及び集計方法
① 当日投票、委任状、事前行使が重複した場合の優劣関係
② 当日出席株主の本人確認方法
③ 事前行使・委任状提出済みの株主につき、受付での確認方法

---

30 株主宛に送付した葉書に、クオカードの贈呈をする旨の他に、「重要」と記載して「是非とも、会社提案にご賛同の上、議決権を行使していただきたくお願い申し上げます。」との記載をした事案において、株主の権利行使に関して財産上の利益供与をしたものとして、決議方法の法令違反があると判示された。

④　採決方法（マークシート、挙手、拍手等）
⑤　株主の出入場の管理方法
⑥　事前行使、委任状と当日投票分の集計手順
⑦　無効票・棄権票の峻別方法

　ただし、特に上場企業の場合には、膨大な書類をチェックすることは物理的に不可能である。「第二の証券代行会社」の役割は検査役に期待されておらず、それは検査役の職務ではない。検査役の役割は、会社の定めたシステム・ルールを調査し、そのルールに基づいてきちんと運営されているかを調査することにあり、それをもって足りる[31]。

　　イ　議長の議事進行

　議長の議事進行を巡って、決議方法の法令定款違反等（会831条1項1号）の有無が争われることも多いことから、当日の議事進行の全てが調査対象となる。特に、以下の諸点については留意して調査すべきである。

①　動議への対応
②　質疑を打ち切る際の対応（取締役の説明義務（会314条）の違反にならないか）
③　議案採決時の対応

2　調査の進め方

(1)　紛争の最小化を目指すこと

　前述のとおり、総会検査役選任の第一義的な目的は、後日の**株主総会決議取消訴訟等**における証拠となる報告書を作成することにある。その意味では、株主総会自体における紛争の防止は、本来的に検査役の役割ではないともいえる。

　しかし他方、充実した調査を行うためには、当事者の協力が必要不可欠である。特に、株主総会当日における不測の事態をできるだけ未然に防止することによって、議事進行（1(2)イ）について正確に記録することができる。

---

[31]　「座談会」30頁。清水16頁以下。

　また、検査役は 1 (2)ア（p.64）の事項を調査する過程で、当事者（主に会社側）に、総会で不測の事態が起きた場合に予定している対応の仕方を質問することになる。検査役から質問を受けた当事者は、否応なく適法性を意識せざるをえなくなるだろうから、結果的に恣意的な集計等がなされる可能性は低くなり、紛争防止に資する（検査役の調整機能）。

　もっとも、かかる調整機能はあくまで副次的なものであるから、検査役が積極的に適法違法に関する意見を述べるなどの過度の介入は避けるべきである。

(2)　前日までの準備と進め方

ア　初動対応

(ア)　就任時の注意

　裁判所から総会検査役就任の打診があったときは、直ちに日程の確認（時間の確保）とコンフリクトチェックを行い（p.3）、就任の可否を裁判所に回答する。時間の確保については、仮に午前中にスタートする株主総会であっても、展開によっては長時間にわたることもあるから、午後まで空けておくことが望ましい。コンフリクトチェックは、特に大手法律事務所の場合、事務所の他の弁護士が株主側の代理人になっていないか、事前に相談を受けていないかにも注意をする[32]。

　総会検査役に就任する場合には、打診から株主総会まであまり時間がないことが一般的であるから、直ちに裁判所から申立書副本・添付書類を受領するとともに、申立書に添付されていない必要書類[33]や聴取すべき事項をピックアップして、会社又は申立人株主に連絡する（この連絡は、正式な選任決定前であるが、許容されよう。）。会社が上場会社であれば、IR情報によって株主総会招集通知を取得できるうえに、株主総会招集に至る事実経緯や想定される争点が分かることもあるので、目を通しておくとよい。株主側が委任状勧誘等に関連してwebサイトを立ち上げている場合もある。

32　「座談会」10頁。
33　標準的に準備すべき書類として「座談会」4～5頁参照。また、あらかじめ徴求書類リストを作成して会社又は申立人（の代理人）に送り、準備を要請することもある。

　検査役選任申立てから株主総会当日まで時間が限られていることから、打診直後に会社側・株主側の関係者に連絡をして、早期に打合せ予定などを組むことが望ましい。

　　(イ)　補助者の選任

　株主総会の規模によっては、株主総会当日に検査役一人ではすべてを確認できないこともあるので[34]、そのような場合には検査役補助者の選任を検討する。例えば、受付窓口や議場が複数ある場合、株主の出席管理・投票の集計作業を議場とは別室で行っている場合などには、検査役一人では見切れない。また、議場での株主の議決権行使の把握にあたって、会社が議場で投票箱を用いて投票用紙を回収することを予定している場合には、検査役においても投票箱と同数の補助者がいることが望ましいし、総会開催前（例えば総会の前日）の委任状確認などが長時間に及ぶ場合にも、人手が多いほうがよいといえる[35]。

　なお、破産管財人代理（破産法77条）等とは異なり、補助者の選任につき裁判所の許可は不要である。

> ▶Refer◀　第1章の事例では、裁判所から就任打診のあった検査役が即日コンフリクトチェックを行い、総会の規模を確認して補助者2名の確保をしている（p.4）。

　　イ　審問期日[36]

　選任決定に先立ち、裁判所において当事者を集めて審問期日が開かれる場合がある。選任申立手続自体は、申立人の要件を満たすならば当然に選任決定されるという手続なので、審問期日自体は速やかに終了する。したがって、むしろ関係者による最初の顔合わせとしての意味が大きい[37]。

34　総会での目視が決め手となった事案として後記大戸屋ホールディングスの案件（p.123）を参照。

35　「座談会」19頁、清水20頁。

36　阿部63頁は、同稿の筆者が平成24年6月に検査役に選任された事案につき、検査役選任の打診、関係者との打合せ、株主総会当日における留意点、株主総会後における報告書作成に向けた考慮事項を詳細に記しており、参考になる。

37　清水18頁。

　審問期日が行われると、引き続きその場で総会検査役と当事者とのミーティングが行われるのが一般的であるから、同ミーティングを意義あるものにするために、前記アで記載した連絡事項は審問期日前に行っておき[38]、会社又は申立人に予め可能な範囲で準備しておいてもらうことが望ましい。

　審問期日が開かれない場合には、裁判所での最初の顔合わせの機会がないので、総会検査役主導でミーティングの機会を設けるべきである。特に、株主総会の運営体制を早期に確認する必要があることから、会社側とのミーティングは早期に行う。

> ▶Refer◀　第1章の事例では、申立書の添付資料と会社の開示情報を確認して、審問期日前に必要書類の提出を要請している（p.6）。この時に提出を要請した書類の多くは報告書の添付資料になることから、予め報告書の全体像を想定する必要がある。

　　ウ　当事者との打合せ
　　㋐　会社との打合せ
　株主申立ての事案であれ、会社申立ての事案であれ、当日の運営を主宰する会社との事前打合せは必須である。特に上場企業の場合には、**証券代行会社や総会支援会社が票をカウントして統合するシステムを構築している**ので、早期にこれらの会社からその説明を受け、十分にシステムを把握しておく必要がある。

　特に、1(2)アで記載した議決権の集計に関する事項（p.64）は、当日までに会社との間で確認すべきである。検査役の立場からすれば、当日の採決方法は一票単位でカウントできるマークシート方式が望ましいが、会社がこれを採用せずに拍手又は挙手で株主に議決権行使の把握を行わせる場合には、ビデオ撮影等により後に拍手や挙手の状況を検証できるように工夫をする必要がある。

　また、1(2)イに記載した当日の議事進行を調査するためには、会社側の用意する当日のシナリオを、早期に取得するべきである。ただし、シナリオ

38　「座談会」9頁。

は、緊急対応等を含め会社における株主総会運営のノウハウを凝縮したものであり、会社はこれが外部に流出することを嫌がるものである。したがって、検査役限りで保有し、報告書にも添付しないよう注意を要する（報告書には、実際の総会のDVD及びその反訳書を添付するので、シナリオを添付する必要は全くない。）。

　　(イ)　申立人株主との打合せ（両当事者の調整）

　会社側との接触は必要不可欠である反面、株主側との接触は必須ではなく、株主側と接触をしないまま当日を迎えるという事案もありうる。もっとも、そのような対応によって、中立的存在であるべき総会検査役が会社側とばかり接触をしている、会社側に肩入れしていると、株主側から勘ぐられるおそれもある。将来の紛争発生可能性を減らすためにも株主側との打合せを行って、株主側が抱く懸念や希望などを確認すべきであり、さらに会社側同席の上での意見調整の場まで設けられるのであればそのほうが望ましい。

　調整すべき事項は以下のとおりである。

---

①　決議結果の集計プロセスに関する株主側の懸念が紛争の原因になることが多い。そこで、株主側に集計システムについての情報提供を一定程度行い、適正にカウントされていることを理解してもらう。

②　前記1(2)ア（p.64）で記載された当日投票、委任状提出、議決権事前行使などが重複した場合にどれを有効な投票行動として採用するか（**優劣問題**）は、両当事者間で可能な限り基準をすり合わせ、認識を共通化しておくことが望ましい[39]。特に、どのような場合に分母・分子に入るのか確認することが重要である[40]。

③　**プロキシーファイト**が行われている場合には、②ですり合わせた基準を元にして、総会検査役、両当事者立会いの下に、委任状の有効性につき事前確認の場を設けることが望ましい。株主総会当日の事務を減らすために効果的な方法である。なお、優劣の決定、有効性判断をするのはあくまで会社であり、検査役は主体的にこれらの判断を行うべき立場にないことに留意すべきである。

④　議案の内容について検査役が調整することは、基本的にない。ただし、役員選任議案につき、一部候補者が重複し、他の候補者が異なる場合には、採決方法や議事進行の整理をすることは考えられる。

39　関西スーパーマーケットの事案（p.100）では、「議決権事前行使済みの株主の、当日出席の取扱い」がポイントであった

40　「座談会」14頁。

　上記調整を行うためには、検査役が会社側・株主側との間で信頼関係を構築しなければならない。特に各当事者は、委任状の収集状況をはじめ相手方への情報開示を拒むのが通常であるから、それぞれ開示できる情報の範囲で、円滑な進行を実現できるかがポイントになる。すり合わせた結果を打合せ記録として検査役が作成し、これを各当事者に共有すると、共通認識事項となって争点が1つひとつクリアになるので有用である[41]。

> ▶Refer◀　第1章の事例では、審問期日後に引き続いて関係者とのミーティングを行っている（審問期日が行われない場合には、早期に日程調整をして初回ミーティングの準備をする必要がある。）ミーティングでは、まずは両当事者から調査ポイントを聴取し、両者共に委任状に関する事項を調査ポイントと考えていることが判明した（p.13）。
>
> ▶Refer◀　第1章の事例では、審問期日後に当事者とメールでやりとりし、会社の考える委任状・議決権行使の優劣・有効性判断基準が送られてきており、次の会議の前にスムーズな準備ができている（p.13）。次の会社関係者とのミーティングでは、証券代行会社の担当者から議決権行使のシステムについて聴取し、会社関係者から当日の採決方法が拍手方式になることを確認している。検査役は、拍手方式になることを事前に把握することによって、当日の補助者の配置などを予め検討することが可能になる。
>
> ▶Refer◀　第1章の事例では、会社側の了承が得られたことから、議決権行使のルールについて、株主側と共有することができた（p.19）。

　エ　当日までの集計

　議決権行使書及び委任状について、当日までの保管場所と管理体制を確認する[42]。証券代行会社の負担になるのでケースバイケースではあるが、株主側が証券代行会社の集計過程をも問題視している場合には、一日ごとの集計

---

[41]　「座談会」13頁。
[42]　事案によっては、議決権行使書を郵便局で受渡しをする現場に、検査役が立ち会うこともある。「座談会」11頁。

結果を検査役が受領し（株主側には見せない。）、報告書に添付するという方法もある。

ウ(イ)③で確認した委任状は、証券代行会社による集計がなされた後に、封緘をしたうえで検査役が保管し、総会当日に持参するという方法もある。

　　オ　会場の下見

　会場の下見は、可能な限り事前に行うことが望ましい。会社との事前打合せの際に総会当日の運営の説明は受けているであろうが、会場を見ることによって理解が深まり、また問題点が見つかることもある。株主総会会場の設営後に、設営担当者がいる時間帯に下見することができれば、その場で疑問点を洗い出し解決することができるので充実した機会になる。

　会場の事前下見ができない場合には、総会当日に開催前に余裕をもって会場入りして、可能な限りのチェックを行う。その際に、施設の他の利用者のプライバシーには配慮すべきである。例えば、総会会場がホテルのワンフロアである場合、動線によっては、ホテルの宿泊客などが会場周辺を移動している可能性も十分にある。

　また、当日の最寄り駅から会場までの案内が適切かという点もチェックポイントになる[43]。会社外の施設（公共施設、ホテルなど）で総会が開催される場合には、施設側の施設管理権を害しないよう、下見のための日程調整も必要となる。

　下見では、特に以下の事項について確認する[44]。

---

　①　受付
　　・受付係が、議決権行使の重複がないように、どのようにチェックをしているか。
　　・本人確認資料（典型的には議決権行使書）を株主が持参していない場合に、どのように本人確認を行うか。
　②　検査役席[45]の設置場所や、その場所から見える範囲
　③　議決権行使結果の集計方法として**マークシート**を利用する場合には、マークシート配布の器具、マークシートを集める方法、集計場所への動線など
　④　委任状・議決権行使書・Web投票などの事前行使分と当日行使分とを集

---

[43]　「座談会」21頁。
[44]　「座談会」16～17頁参照。
[45]　検査役席は、株主の挙動が一望できる場所に用意してもらうように、会社側に依頼をしておく。

計する方法（実際にカウント機器やPCのエクセル画面などの機械操作を見ながら、担当者から説明を受ける。事前行使している株主が当日議場に出席して投票することにより、重複カウントが生じないか、すなわち議場受付を通過した時点で、事前行使分の消し込みが適切に行われるようになっているかなども確認する。）

⑤　株主の議場出入場を管理する方法

⑥　株主席の確認

・委任状をまとめて持参している株主など、議場での議決権行使の結果を知るにあたってキーパーソンになりそうな株主及びその座席位置

・議決権行使・会場発言をしないことを前提としている株主等（オブザーバー参加）の座席位置

⑦　**ビデオ録画**、録音の状況。録音録画のミスは命取りになるので、ビデオカメラは複数台用意すると共に、会社のみならず検査役も用意することが望ましい。案件によっては、外部業者に依頼するという選択もある[46]。

⑧　新型コロナウイルス感染症対策
体温チェック、アルコール消毒、予備マスクの各準備など。

> ▶Refer◀　第1章の事例では、会場の準備が整った総会前日の夜に、会場下見を行い、検査役席やマイク・カメラの位置などを確認している（p.15）。ケースバイケースであるが、採択の方法が拍手方式ということもあり、検査役も交えて採決のリハーサルも行っている。また、この下見は、検査役立会の下での委任状確認を兼ねており、会社側と株主側がそれぞれ持参した委任状を持ち寄り、持ち寄ったすべての委任状について有効・無効を確認している。

(3)　株主総会当日の調査

ア　受　付

検査役は、会場の受付開始前に時間の余裕をもって臨場する。株主総会開始前は、受付業務を中心に調査を行うとよい。当日配布資料がある場合や、本人確認資料を持参していない株主への対応に注意をする。当日持参された委任状の確認は基本的に受付で行われるが、数が多い場合などには別室で行われることもある。このように、株主総会開始前には調査すべき事項が複数

46　「座談会」21頁。

の場所で並行して行われる可能性があるから、規模の大きい株主総会の場合には、補助者の確保及び活用が重要になる。

　会社が会場への入場制限をしている場合や、別会場を用意している場合には注意を要する。どのような基準で選別をしているのか、別会場における議事進行の視認性や、別会場でも質問の受理がきちんとなされているかなど、補助者を臨場させて調査を行う。

　▶Refer◀　第1章の事例では、検査役は開始時刻の1時間前に会場に入り、受付業務のチェックを開始している。この時は、受付業務を記録するために検査役の持参したカメラによるビデオ撮影を行っている（p.24）。委任状の受任株主が来場すると、検査役は受任株主の座席位置を確認している。

　イ　議事進行

　議事の冒頭で、総会検査役が臨場していること、調査のためにビデオ撮影をしていることを、議長からアナウンスしてもらうことが望ましい[47]。

　株主総会開始後は、検査役の仕事は、「ありのままに記録すること」である。シナリオを事前に受領していること、ビデオ撮影をしていることを前提にすれば、特にメモをしておくべきは、1(2)イの各事項（p.65）が中心になる。

　議案採決前には、会場閉鎖がなされていること（それによって議場内の株主が固定されていること）を確認する。補助者を配置して、退場株主についても記録にとどめる必要がある。

　議案採決の際の集計にあたって**マークシート**を使用している場合には、投票箱の回収、集計場所への持ち運び、集計場所での集計作業のすべてにわたって検査役も立ち会う。挙手や拍手によって投票させる場合には、検査役がカウントし記録し終わるまでは議事を進行しないように、事前に議長に要請しておく。記録し終わる前に議長が勝手に進行してしまいそうな場合には、極めて例外的ではあるが、検査役が、記録未了であることを理由に進行を制することもある。マークシートの使用を予定している場合でも、特に手

47　「座談会」32頁。

続的動議などに関しては、議長がその他の決議方法で進行してしまうことが
あるので、気を抜けない。

　特に、議長不信任動議が可決された場合には、会社は議事進行・集計作業
に協力する義務を負わないので、不測の事態が起きるものと想定して記録す
る[48]。採決の集計結果は、最終結果のみならず、総会前日までの集計結果、
事前行使分の集計結果（会社から、総会開会宣言の直前直後に取得することが多
い。）、定足数充足宣言時の集計結果など、各時点の集計結果の資料も取得す
るとよい。集計のプロセスが見え、最終集計結果の正確性を担保することに
なる。

　なお、議事進行について紛糾した場合に、議長や株主から総会検査役が意
見を求められることがあるが、中立性を守るためにも、検査役は意見を言う
立場にないので意見を控える旨を説明すべきである[49]。

> ▶Refer◀　第1章の事例では、会社代理人を通して総会開始前に総会のシ
> ナリオ及び前日までの集計表を確保したことで、議事進行の見通しを立
> てることができた。また、当日出席株主全員を把握できる規模の総会で
> あったことから、各株主の座席位置を把握し、出退場についてもチェッ
> クしている。議案採決は拍手形式ということもあり、補助者と手分けし
> て確認作業を行うと共に、報告書作成時に再確認するために検査役の持
> 参したカメラによるビデオ撮影も行っている。

(4)　株主総会終了後の対応

ア　書類の保全

　議決権行使書や委任状の原本は、調査（証拠保全）のために、総会終了後
速やかに確保する。会社が無効と判断した委任状・議決権行使書等も保全す
る。特に、投票用紙等は単独で閲覧謄写の対象になっていないので、これら
を保全し、記録化することが重要である[50]。

48　「座談会」33頁。
49　「座談会」34頁。

　これらの分量によっては、総会直後に会社から引渡しを受け、検査役の事務所に持ち帰る。報告書には写しを添付するので、原本をコピーした上で、その後速やかに会社に返還する[51]。

　引渡しを受けることが困難な分量の場合には、会社の保管場所に視察に行き、その保管状況を報告書に記載することもある。

【保全する書類のリスト】
　① 当日出席株主提出書類（本人確認書類、職務代行通知書）
　② 投票用紙（マークシート）
　③ 議決権行使書
　④ 電子投票のログデータ
　⑤ 委任状
　⑥ 当日に配布された書類（議場で上映されたスライドなども含む）

　イ　集計結果の確認

　収集したデータを元に、検査役も集計結果を作成する。上場会社（有価証券報告書提出会社）は、株主総会の結果を臨時報告書にて報告するところ、検査役の集計結果との間に齟齬がある場合には、その理由を会社から確認する。

　検査役の作成する報告書は、集計結果の正確性を担保するものではないから、例えば、会社の集計ミスの有無を確かめるために、議決権行使書と集計結果を逐一確認するということまでは行わない（特に上場企業の場合などは、そのようなことをするのは現実的でない。）。あくまで、会社がどのようなプロセスで集計結果を導いたかを確認することが調査対象であることに留意すべきである[52]。

　▶Refer◀　第1章の事例では、総会が終了して検査役が退出する際に、検査役補助者が委任状を受領している。議決権行使書などその他の資料や、電子ログなどのデータは、後日、郵送やメールにて受領している。検査役は、総会の終了後直ちに裁判所に電話報告すると共に、別途FAXに

50　「座談会」22頁。
51　会社が委任状や議決権行使書の備置義務（会310条6項、311条3項）の違反にならぬよう、検査役は速やかにコピーを済ませ、会社に返還する必要がある。
52　清水16頁。

> て採決結果の報告をしている。

3　報告書の作成

(1)　報告書の構成

　報告書の作成にあたっては、検査役の調査対象（306条）である①招集の手続及び②決議の方法の両者を網羅し、かつ両者を書き分ける必要がある。その他の事項は事案に応じて、調査のテーマや時系列などに沿って記載することになるが、一例として筆者らが用いた記載例を紹介する[53]。

報告書記載例

第1　①招集手続の調査
　1　議決権を有する株主
【添付資料】
・株主名簿
・定　款
・株式取扱規程
　2　株主総会の招集決定
【添付資料】
・取締役会議事録
（・取締役会招集通知、取締役会規程）
（・株主総会招集請求書、株主提案書）
　3　招集通知の記載内容等
【添付資料】
・株主総会招集通知
・同封資料
・委任状勧誘書類
　4　招集通知の発信
【添付資料】
・郵便物差出票

---

[53]　大竹ほか編277頁以下〔村尾〕。また、実際の総会検査役報告書が掲載されている資料は必ずしも多くないが、資料版商事法務にて最も直近に掲載されたのは、平成7年8月8日付け吉川武検査役作成の「つうけん・日本交通公社総会検査役選任申請事件にかかる総会検査役報告書」（同誌139号59頁）である。同59頁には、同誌がそれまでに掲載した総会検査役報告書8本を紹介しており、参考になる。

第2　②決議方法の調査
　1　集計ルールの整理
　※　前記1(2)アの事項（p.64）を中心に
　2　前日までの準備
　(1)　当事者との打合せ
　　　※　時系列
　(2)　委任状の事前確認
　【添付資料】
　・委任状
　(3)　下見
　3　株主総会当日の調査
　(1)　受付の状況
　【添付資料】
　・受付における配布資料（出席番号札など）
　(2)　出席株主
　【添付資料】
　・出席株主の集計資料
　・本人確認資料
　(3)　議事進行
　　ア　定足数
　　イ　議案の上程
　　ウ　質疑応答
　　エ　議案の採決
　　※　議決時の出席株主を記載する
　　※　集計状況を詳細に記載する
　　オ　閉会
　【添付資料】
　・録画データ
　・反訳書
　・会場の平面図、関係者の位置関係図
　4　集計結果
　【添付資料】
　・ビデオ
　・録音反訳書
　・議決権行使書
　・投票用紙（マークシート）
　・臨時報告書

---

(2)　必要書類取得の注意点

会社に対して必要書類の提出を求める際には、機微情報が載らないよう

に、（会社が積極的にマスキングするであろうが）一部マスキングを指示することもある。例えば、取締役会議事録の提出を会社に求める際には、株主総会招集案件と関わらない議題については、マスキングしてかまわない。受付で回収した本人確認資料についてマスキングを検討すべき場合もあるが、本人確認の経緯が不明にならないように注意すべきである[54]。

　また、上場企業の株主名簿は分量が多いので、データで提出してもらうことも検討すべきである。株主名簿には委任状等の本人特定のために必要な情報が記載されているから、原則として添付する必要があろう[55]。

　総会シナリオは、調査の便宜のために当日までに会社から入手すべきであるが、会社にとって総会議事進行のノウハウの集積であり、株主に見せるのは適当ではないことから、報告書に添付すべきではない[56]。

(3)　報告書作成の注意点

　総会検査役の職務はあくまで事実関係の調査であるから、報告書に検査役の法的見解を書くことは適切ではない。もっとも、検査役選任から株主総会終了までの間に起こった全ての事象の中から、どの事実を採用して記載するかを選択する上で、事実上、検査役の法的問題意識が反映されるのはやむをえない。

　例えば関西スーパーマーケットの事案（p.100）で、検査役は、異例ともいえる1週間の短期間で暫定報告書を提出している。これは、会社が当初棄権として扱った票を賛成票扱いに変え、議案の可否の結論まで会社の有利に変わったことについて、強い問題意識を抱いたからだといえる。

　裁判所は、報告書について①記載の正確さ、②読みやすさ、③法的評価が混入していないかなどを確認している[57]。また、**ビデオ録画・録音の反訳書**の添付は必要であるが、それだけでは報告書として非常に読み難いものになるので、各人が発言した趣旨を要約したものを記載すべきである。反訳書は、作成者（会社か検査役か）について明記することが望ましい[58]。

54　「座談会」24、28頁。
55　「座談会」28頁。
56　「座談会」24頁。
57　「座談会」25頁。

　報告書は、ドラフト段階で一度裁判所に提出する。総会終了後40日が通常設定される提出期限であることから、総会終了後3～4週間頃に出せると良い。反訳書など、必要な資料が整わない場合でも、ドラフトを裁判所に提出した後に追完すれば足りるから、ドラフトはできるだけ早く裁判所に提出すべきである。

　報告書ドラフトを当事者に見せるかは検討を要する。原則として不要だと考えるが、予め書かないでほしいという依頼のあった点や、配慮を必要とする内容については、その点に限って事前に見せて、表現ぶりにつき了解を取っておくというのも，検査役の選択肢の一つではあろう。ただ、最終的には、調査上必要かという観点から検査役が採否を決めるべきである。

> ▶Refer◀　第1章の事例では、会社が反訳書の準備を行い、総会検査役が
> その内容をチェックしている（p.40）。一番時間のかかる反訳書を総会
> 後3週間で準備できたことで、裁判所にスムーズに報告書ドラフトを提
> 出することができた。

58　「座談会」26頁、27頁。

調査報告書作成例

令和3年(ヒ)第1234号 株主総会検査役選任申立事件申立人 アヅチオダ産業
株式会社
関係人 株式会社羽柴興産

報　告　書

令和3年8月4日（水）

東京地方裁判所民事第8部　御中

〒103－0025 東京都中央区日本橋茅場町5丁目9－10
篠田秀道法律事務所 （送達場所）
電　話　　03－1234－5678
ＦＡＸ　　03－1234－5678
総会検査役　弁護士　篠田秀道

　頭書事件について、株式会社羽柴興産（以下「会社」といいます。）の令和3年6月29日（火）開催の定時株主総会（以下「本件株主総会」といいます。）に係る招集の手続及び決議の方法を調査した結果を、次のとおり報告します。
　なお、本件の職務の遂行に当たっては、中村真人弁護士及び金宮誠弁護士の補助を受けていることを付言します。
　また、以下に記載した日付は、断りのない限り令和3年（2021年）の日付です。

第1　招集の手続に係る調査
　検査役は、総会検査役選任申立書添付の疎明資料及び会社から受領した書類などに基づき、以下の事項を確認した。
 (1) 本件株主総会の招集は、令和3年5月13日開催の取締役会により決議された（資料1「2021年5月13日付け取締役会議事録」第8号議案）。
 (2) 会社の単元株式数は100株であり、議決権行使の基準日は毎年3月31日である（資料2「定款」7条）。
 (3) 令和3年3月31日現在の統計表（資料3－1）によれば、基準日における議決権を有する株主総数は1,234名、議決権総数は12,345個である。
 (4) 本件株主総会の招集通知（資料4）は、令和3年6月7日、会社又は東都信託銀行株式会社（以下「証券代行会社」という。）から以下のとおり、議決権を有する株主1,234名に対して発せられた。

対象株主数	発信者	資料
900名	証券代行会社	資料5－1「郵便物差出票」

300名	会社	資料5－2「郵便物等取扱票」
34名	会社	資料5－3「手渡しリスト」

(5)　招集通知の記載

　ア　株主総会の招集権者は取締役社長であるところ（定款14条）、招集通知1頁に、招集者として株式会社羽柴興産　代表取締役社長　羽柴太郎と記載されている。

　イ　本件株主総会の議案は、第1号議案が取締役5名選任の件、第2号議案が申立人を含む数社（以下「提案株主」という。）を対象とする買収防衛策の件、第3号議案が取締役3名選任の件である。また、第1号議案及び第2号議案が会社提案議案、第3号議案が株主提案議案である。

　ウ　第3号議案は、提案株主による令和3年4月27日付け株主総会招集請求書（資料6－1）の議題及び同月29日付け株主提案書（資料6－2）の議案を採用したものである。

(6)　招集通知は、議決権行使書（資料7）及び「議決権行使書提出のお願い」と題する会社作成の書面（資料8－1）と同封（資料8－2「封筒」）して発せられた。

(7)　招集通知発信後本件株主総会当日までに発せられた書面等

　ア　会社は、各株主に対し、以下の書面を送付して委任状勧誘を行っている。

　　①　委任状（資料9－1）

　　②　委任状記入見本（資料9－2）

　　③　2021年6月7日付け「委任状ご提出のお願い」と題する会社作成の書面（資料9－3）

　イ　提案株主は、各株主に対し、

　　①　委任状（資料10－1）

　　②　委任状記入見本（資料10－2）

　　③　2021年6月10日付け「羽柴興産株式会社から皆様に送付された書面の注意点」と題する提案株主作成の書面（資料10－3）

第2　決議の方法に係る調査

1　議決権行使に関する書類

(1)　議決権行使書

　ア　議決権行使書（資料7）には、第1号議案乃至第3号議案にそれぞれ賛否の欄が設けられている。取締役選任議案である第1号議案には、「下の候補者を除く」と記載され、各取締役に対する賛否を記載できるようになっている。その他に注意事項として、「各議案につき賛否の表示のない場合は、会社提案については賛、株主提案については否の表示があったものといたします。」「（ご注意）株主提案につきましては、当社取締役会は反対しております。株主提案の賛否表示欄については、当社取締役会の意見にご賛同頂けるときは「否」を、株主提案ご賛成のときは「賛」を〇印でご表示ください。」と記載されている。

　　イ　議決権行使書には予め、各株主の氏名（法人名）、住所、株主番号、
　　　　議決権行使個数、証券代行会社の管理用のQRコード及び電子投票サイ
　　　　トにアクセスするためのQRコードが印字されている。
　　ウ　議決権行使書の郵送先は会社であり、6月28日（月）午後5時30分
　　　　までに会社に到着したものを有効として取り扱う。会社の総務担当者に
　　　　よれば、普通郵便は毎日1回、午前中に会社に届くことから、同日の午
　　　　前中に届くものが行使期限内に届く最後の議決権行使書となる。
　(2)　**電子投票**
　　ア　電子投票は、議決権行使書記載のQRコード又は招集通知5頁記載の
　　　　URLにアクセスして行う。
　　イ　電子投票は、第1号議案乃至第3号議案について賛否のボタンをク
　　　　リックすることで行う。複数の取締役選任議案である第1号議案及び第
　　　　3号議案には、「除外する候補者」のボタンがあり、特定の取締役を、
　　　　先にした賛否から除外することができる（資料12「電子投票のwebサ
　　　　イト」）。
　　ウ　電子投票は何度でも行うことが可能であり、最後に行使された内容の
　　　　議決権行使が有効となる。
　　エ　6月28日（月）午後5時30分が行使期限となり、同時刻の後は賛否
　　　　を登録できない仕様となっている。
　(3)　**会社作成の委任状**
　　ア　委任状（資料9－1）には、第1号議案乃至第3号議案にそれぞれ賛
　　　　否の欄が設けられている。取締役選任議案である第1号議案及び第3号
　　　　議案には、「以下のものを除く」として、各取締役に対する賛否を記載
　　　　する欄が設けられている。
　　イ　委任事項は、各議案の議決権行使の他に、「原案につき修正案が提出
　　　　された場合及び議事進行その他株主総会の手続等に関連する動議（議案
　　　　及びこれに対する修正案の審議及び採決の順序等に係るものを含む）が
　　　　提出された場合には、何れも白紙委任します。」と記載されている。
　　ウ　「代理人名欄を空欄とした場合には、株式会社羽柴興産が選定した任
　　　　意の者を代理人に指定します。」との記載がある。
　　エ　「各議案につき賛否の表示のない場合は、会社提案については賛、株
　　　　主提案については否の表示があったものといたします。」との記載があ
　　　　る。
　(4)　**株主作成の委任状**
　　ア　委任状（資料10－1）には、第1号議案乃至第3号議案にそれぞれ
　　　　賛否の欄が設けられている。取締役選任議案である第1号議案及び第3
　　　　号議案には、各取締役に対する賛否を記載する欄は設けられていない。
　　イ　委任事項は、各議案の議決権行使の他に、「修正動議及び議事進行に
　　　　関連する動議が提出された場合には、何れも一任致します。」と記載さ
　　　　れている。
　2　会社側及び提案株主側との事前調整
　　検査役は、以下の日程で申立人及び会社関係者との会議を行い、(1)以下の調
整を行った。

6月10日（木）　審問期日（申立人代理人、会社代理人が出席）
6月17日（木）　会社代理人、会社・証券代行会社担当者との会議
6月24日（木）　申立人代理人、会社代理人同席での会議
6月28日（月）　委任状の事前確認（総会開催場所の下見）
6月29日（火）　本件株主総会

⑴　申立人からの要請事項

　令和3年6月10日及び6月24日に申立人代理人・会社代理人同席での会議を行った。同会議及びその後に確認し合った事項は、以下の通りである（資料14「令和3年6月24日付け議事録」）。

ア　採決方法

　申立人代理人は、会社に対し、採決を拍手以外の方法で行うことを要請した。

　これに対して、会社は、拍手での採決を行うと決定した。但し、検査役が拍手している株主をカウントし終わるまで議長が株主に対して拍手の継続を要請し、議事を進行しないこと、及び、検査役が議場前方から株主の拍手の状況を録画することとなった。

イ　集計の妥当性の担保

　申立人代理人は、会社に対し、提案株主が持ち込む委任状の扱いを含めた集計の妥当性について、後日検証可能な状態を保持することを要請した。

　この点に関して、6月24日の会議において集計その他のルールが後記⑵の通りであることを確認し、株主総会前日に開催場所の下見をする際に、提案株主が持参する委任状の有効性を確認することとした。

ウ　議場の入場者

　申立人代理人は、会社に対し、職務代行通知書に基づき議場に入場して議決権行使をする者（以下「職務代行者」という。）の他に、その者の補助者を随行することを、容認するよう要請した。

　会社は、補助者随行を認めないとしたが、議場内での発言をしないことを条件に、オブザーバー席にて申立人代理人が出席することとなった。

⑵　議決権行使に関するルール

　以下のルールは、会社側から聴取した議決権行使に対する考え方を元に検査役がそのエッセンスを抽出し、6月24日の会議にて、申立人代理人及び会社代理人同席の下で内容の確認を行ったものである（資料14・別紙参照）。

ア　議決権行使の優先関係

　①　当日出席した株主の議決権行使を最優先とする。

　　当日出席した株主が事前に議決権行使書を提出し若しくは電子投票を行っていた場合（以下「議決権の事前行使」という。）、又は委任状を事前に提出していた場合には、当該株主が議場受付を通過した時点で、議決権の事前行使も、事前提出した委任状も無効となる（当該株主が議場で議決権を行使しないで退席した場合であっても、事前行使した議決権は復活しない。）。ここでいう「無効」とは、得票率の算定に当たって分子にも分母にも含めないことをいう（以下同じ。）。

委任状 勧誘者	会社提案	株主提案	会社提案5名 （羽柴太郎、乙野 次郎、丙川三郎、 丁里四郎、戊森 五子）	株主提案3名 （織田一義、柴田 次郎、滝川三郎）
会社	賛	否	○	×
会社	賛	賛	○	○
会社	否	賛	×	○
会社	賛	賛否なし	○	×
会社	賛否なし	賛否なし	○	×
株主	否	賛	×	○
株主	賛	賛	○	○
株主	賛	否	○	×
株主	賛否なし	賛	×	○
株主	賛否なし	賛否なし	×	○

　　ただし、当日出席した株主が、オブザーバー参加（議場での議決権行使及び発言をできない状況での参加をいう。以下同じ。）する旨を議場受付時に会社に告げた場合、又は事前にその旨を会社に連絡をした場合には、無効にはならない。
　②　委任状と議決権の事前行使とでは、委任状を優先する。委任状出席した株主が事前に議決権行使をしていた場合には、委任状の受任者が議場受付を通過した時点で、事前の議決権行使が無効となる（当該受任者が議場で議決権を行使しないで退席した場合でも、事前の議決権行使は復活しない。）。
　③　議決権行使書と電子投票が重複した場合、又は株主が複数回の電子投票を行った場合には、最後の電子投票が有効となる。この点は、招集通知5頁及び議決権行使書に記載されている。
イ　委任状が重複した場合の優先関係
　①　会社側又は提案株主側への到達日が最も遅いものを有効とする。
　②　到達の先後が不明な場合には、当該株主に係る全ての委任状を無効とする。
ウ　議決権行使書の有効性判断基準
　①　賛否欄白紙の場合には、会社提案に賛成、株主提案に反対とする。

　　　　この点は、議決権行使書に記載されている。
　　②　賛否欄の両方に〇又は×が記載されているなど、矛盾する記載があるときは、当該議案に対する議決権行使を無効とする。
　　③　棄権の趣旨の記載がある場合には、その記載場所等から合理的に判断し、個別又は全体の議案について棄権とする。ここでいう「棄権」とは、得票率の算定に当たって分子には含めないが分母には含めることをいう（以下同じ。）。
　エ　委任状の有効性判断基準等
　　①　委任者の本人確認ができない委任状は、無効とする。委任者の本人確認は、以下の書類の何れかで行う。但し、その他本人確認を行うことのできる合理的な資料が添付されている場合には、有効として扱う。
　　　・議決権行使書
　　　・委任状に押印されている印鑑の印鑑証明書
　　　・登記事項証明書（法人の場合）
　　②　委任状に必要事項の記載漏れがある場合、又は委任状の記載と株主名簿の記載との間で齟齬がある場合には、以下の場合を除いて無効とする。
　　　・誤記であることが明白な場合
　　　・署名のみで押印がない場合、又は記名押印されている場合
　　　・受任者欄が空欄である場合。但し、受任者が記載されていても当該受任者が株主ではない場合には、無効とする。
　　③　委任状記載の議決権個数が株主名簿記載のそれと異なる場合には、株主名簿の議決権個数を有する委任状として扱う。
　　④　余事記載などにより株主の意図が不明確な場合には、棄権として扱う。
　　⑤　前記「ウ」②及び③について、同じ。
　　⑥　双方の委任状の記載等に鑑みて、有効な委任状の賛否については、以下の取扱いとする。
　オ　株主総会当日の本人確認の方法
　　①　原則として、個人の場合には、議決権行使書の持参を要する。法人の場合には、議決権行使書及び職務代行通知書の持参（職務代行通知書に代えて、当該法人の名刺又は社員証等の持参でも可）を要する。
　　②　議決権行使書を持参しない場合でも、本人確認できる合理的な資料を持参している場合には、入場を許可する。
　　③　個人株主の場合には、②の資料がない場合でも、氏名・住所を所定の用紙に記載し、株主名簿の情報と一致している場合には、株主本人と認めて入場を許可する。
⑶　委任状の事前確認
　　６月28日午後７時に、検査役、株主側代理人及び会社代理人が議場を訪れ、双方が持参した委任状を事前確認した。
　ア　委任状の有効性判断の手順
　　①　会社側に提出された委任状及び提案株主側に提出された委任状の株主番号を突き合わせ、重複している株主の委任状を抜き出した。

② 重複していないことが確認された委任状は、当職及び両当事者代理人間で記載の有効性を確認した後、証券代行会社の集計作業に回した。
③ 記載が完全でない委任状や、一見して賛否の内容が明らかでない委任状は、当職が鉛筆で、有効である旨又は賛否の内容について委任状に記載した。
④ 重複している委任状については、当職及び両当事者代理人間で委任状記載の日付及び封筒の消印を基に作成の先後を決し、後の物を有効とした。
⑤ ④で有効とされた委任状は、当職及び両当事者代理人間で記載の有効性を確認した後、集計作業に回した

イ　判断結果
① 双方から提出された委任状の内、合計45通の重複があった。
② 全委任状のうち、両当事者代理人間で有効性判断の意見が分かれた委任状は、下記④iiiの1通の他、なかった。
③ 全委任状のうち、無効とされた委任状は下記④iiの1通のみであった。
④ 判断が困難であった3通について、特に以下に記載する。
　i　株主番号：0000000
　　議決権個数：2個
　　概　要：会社側委任状と提案株主側委任状が同封され、会社に郵送された。
　　　　　　両委任状ともに、会社提案及び株主提案の双方に賛成であった。
　　判　定：会社提案及び株主提案の双方に賛成する旨の意思表示であるとして、有効と判定した（便宜上、下表では会社側委任状にカウントした。）。
　ii　株主番号：1234567
　　議決権個数：1個
　　概　要：会社側委任状及び提案株主側委任状の日付が同日であり、株主側委任状に封筒が添付されていないことから、消印による先後の判断は不可能であった。
　　　　　　会社側委任状は、会社提案賛成・株主提案反対であり、株主側委任状は、株主提案賛成・会社提案反対であった。
　　判　定：2つの委任状の到達の先後が不明であり、かつ、矛盾する意思表示であることから、双方の委任状を無効と判定した。
　iii　株主番号：7654321
　　議決権個数：10個
　　概　要：株主側委任状に、1号議案（会社提案）賛成、3号議案（株主提案）反対の記載があった。
　　判　定：会社代理人は、会社提案に賛成、株主提案に反対の意思表示をしたと判定し、そのように処理をした。
　　　　　　申立人代理人は、受任者である提案株主が、委任者の意思に沿った権利行使を行うべきか疑問であるとして、委

任状を無効とするのが妥当という意見を述べている。

ウ 集計結果

議案		取締役候補者	会社側委任状			株主側委任状			会社側・株主側委任状合計	
			有効数	賛成	反対	有効数	賛成	反対	賛成	反対
第1号議案	1	羽柴太郎	2,345	2,345	0	1,234	10	1,224	2,355	1,224
	2	乙野次郎	2,345	2,345	0	1,234	10	1,224	2,355	1,224
	3	丙川三郎	2,345	2,345	0	1,234	10	1,224	2,355	1,224
	4	丁里四郎	2,345	2,345	0	1,234	10	1,224	2,355	1,224
	5	戊森五子	2,345	2,338	7	1,234	10	1,224	2,348	1,231
第2号議案			2,345	1,500	845	1,234	0	1,234	1,500	2,079
第3号議案	1	織田一義	2,345	2	2,343	1,234	1,224	10	1,226	2,353
	2	柴田次郎	2,345	2	2,343	1,234	1,224	10	1,226	2,353
	3	滝川三郎	2,345	2	2,343	1,234	1,224	10	1,226	2,353

3 本件株主総会当日の状況
(1) 議場の状況
　ア　本件株主総会の開催場所は、東京都千代田区霞が関４丁目１－４所在の「まんぷくホテル　５Ｆホール」である。
　イ　議場には座席が56席設けられ、その内訳は通常の株主席が40席、オブザーバー参加の株主席が16席（株主側代理人の座席を含む）である。
　ウ　マイクは、議長用に檀上に１つ、議場左右に株主質問用に各１つ、合計３つ設置されている。その他に、役員席や事務局席に数本のワイヤレスマイクが用意されている。
　エ　議場を撮影するカメラが２台用意され、議場の左後方及び右後方から役員席、答弁席、株主席を網羅するように設置されている。この他に、会社の許可を得た上で、検査役にて用意したカメラを受付及び議場の左前方の検査役席付近に設置した。

オ 検査役の席は、議長席に向かって左側の前方に設置された。

カ 関係者の位置及び撮影機材の場所は、検査役補助者作成の別紙関係者位置関係図及び会場図（資料26）のとおりである。

キ 当日出席株主（オブザーバー参加を除く。）22名の議案採決時の着席場所は、別紙関係者位置関係図のとおりである。

(2) 受付の状況

ア 議場出入口の手前に設置された受付には、株主の入場順に配布する入場票（資料15－1）、再入場票（資料15－2）、及び議決権行使書と本人確認資料の何れも持参していない個人株主のための「ご入場票」（資料17-1の出席番号5番・12番の株主参照）が用意されていた。また、配布資料として、招集通知、招集通知の記載事項の訂正書（資料16－1）、個別注記表（資料16－2）及び「議案概要説明資料」と題する書面（資料16－3）が用意されていた。

イ 議決権を行使する株主、オブザーバー参加の株主、及び特別席での参加者に対しては、受付を済ませた順番を出席番号とした入場票が手渡された。前記1⑶の委任状の受任者に対しても、出席番号を付した入場票が割り当てられ、受任者に手渡された。会社はこれら入場者に対し、入場票を胸ポケットなどできる限り見えやすい場所に保持するよう要請した。

ウ 受付担当者は、入場時に入場票の副票を切り取って正票のみを手渡しており、副票を議決権行使書に付して証券代行会社に渡していた。

エ 一度入場した入場者は、再入場票を受付担当者に見せることで議場の出入りをしていた。

オ 受付には、感染症対策として、検温及びアルコール消毒用の装置が設置されており、受付担当者が検温及び手指の消毒をするように入場者に対して促していた。

カ 当日出席株主（オブザーバー参加を除く。）は22名、オブザーバー参加の株主は10名であった（資料17「当日出席株主の議決権行使書及びご入場票並びに副票」）。

(3) 委任状出席

当日出席した会社側の受任者及び提案株主側の受任者は、前日に持参した委任状のみを持参し、新たな委任状は提出されなかった。

(4) 本件株主総会の概略

本件株主総会の概略は、以下のとおりである。具体的な発言内容については、添付の録画DVD（資料27）及び反訳書（資料28）を参照されたい。

① 10:00　議長（羽柴太郎代表取締役社長）開会宣言
② 10:05　審議方法に対する承認
③ 10:08　定足数充足宣言
④ 10:10　監査報告
⑤ 10:29　議案の上程
⑥ 10:45　株主提案の補足説明
⑦ 11:00　質疑応答
⑧ 11:45　議案の採決

⑨　11:55　閉会・新役員の挨拶

⑸　**10：05　一括上程一括審議方式等の提案及び拍手による承認**

　　羽柴議長が、一括上程一括審議方式を採用すること及び検査役が証拠保存の目的でビデオ撮影をすることについて議場に諮ったところ、出席株主[59]全員の拍手により、承認された。

　　拍手の有無については、検査役が議場左側の検査役席から、検査役補助者商事が議場右側から目視で確認をした。

⑹　**10：08　定足数充足宣言**

　　羽柴議長は、本総会における議決権を有する総株主数は1、234名、議決権総数は12,345個であること、午前9時50分現在の出席株主数が500名、議決権個数が8,123個であること、全ての議案の審議に必要な定足数を満たしていることを宣言した（資料20「10時03分時点の出席状況表」）。

⑺　**10：29　議案の上程**

　　羽柴議長が、第1号議案乃至第3号議案につき内容の説明及び上程をした。また、株主提案である第3号議案について、取締役会として反対すると述べた。その概要は、以下の通りである。

（説明者：乙野取締役）

　　　提案株主の候補者は、何れも当社事業の中核であるテーマパークや周辺事業に携わった経験がない。また、これまで当社とのかかわりも一切なかったことから、当社従業員をスムーズに指揮監督することできるとは考えられず、これまで良好であった各テナントのスポンサー企業との関係維持も懸念される。

⑻　**10：45　株主提案の補足説明**

　　羽柴議長が、株主提案である第3号議案について、補足説明を求めたところ、申立人代表者（出席番号1）は、概要以下の補足説明をした。

　　織田一義氏は、マスコミを始めとする各界の人脈に通じており、当社運営施設の知名度向上が期待できる。

　　柴田次郎氏は、IT知識・技術に通じており、そのような観点からの集客力向上が期待できる。

　　滝川三郎氏は、旅行会社における取締役の経験があり、観光客誘致について一日の長がある。

⑼　**11：00　質疑応答**

　　質疑応答では、以下の株主から質問又は意見が出された。

　ア　**株主（出席番号8番。申立人代表者）の意見及び質問**

　　i　意見概要

　　　先ほどは、手元の資料を見ながらスライドを流すだけという形で、今期実績の説明を受けた。多額の損失が出たことに対して、現経営陣の危機意識が感じられず、残念である。

　　ii　羽柴議長の回答概要

---

[59]　出席番号22番の株主は議場に到着していなかったので，その余の21人が拍手をした。

　　　　頂いたご指摘は、真摯に受け止める。損失については、海外事業撤退時の特別損失を計上したものであり、国内事業単体では相当程度利益が出ていることはご理解頂きたい。

　　iii　質問概要
　　　①　まず、現経営陣が海外事業撤退の責任を取らずに何れも留任させるというのが、会社提案の一番の問題である。現経営陣に責任がないと考えているのか。
　　　②　当社が株主提案をした第4四半期に不自然に売上が急増しているが、この点に間違いはないのか。

　　iv　羽柴議長の回答概要
　　　①　現経営陣の責任を否定するつもりはないが、海外事業で最後に営業利益を計上したのは15年前である。歴代の経営者全員に責任があると思っているので、特定の経営者の責任を論じるつもりはない。

　　iii　乙野取締役の回答概要
　　　②　春休みや卒業旅行にターゲットを定めた新規企画が奏功したことが大きい。

　イ　株主（出席番号18番）の質問
　　i　質問概要
　　　提案株主に質問をしたい。取締役会が示した反対理由に対して十分な説明がないように思えるし、3名の内、どなたが代表取締役として当社を牽引していくのかビジョンが見えない。
　　ii　申立人代表者（出席番号1）の回答概要
　　　3名の候補者は何れも役員や重役での経験が豊富であり、取締役会の反対意見は言いがかりである。これまで会社とかかわりが薄かったという点は、先の反省を活かすということを対外的にアピールすることでもあるので、ご懸念には当たらない。代表取締役は、取締役会で決めるものであるが、織田一義氏のリーダーシップに期待したい。

　ウ　11：44　審議終了
　　　羽柴議長は、他に質問がないか議場に確認し、質問がなかったことから審議終了を議場に諮ったところ、出席番号3番の株主を除く株主が拍手をした。
　　　拍手については、検査役が議場左側の検査役席から、検査役補助者中山が議場右側から目視で確認をした。

(11)　11：45　議案の採決
　ア　採決時に拍手をしている株主を確認するために、議案毎に、以下の要領で進行した。
　　①　検査役が議場左半分を、検査役補助者金宮が議場右半分を移動して目視確認する。検査役補助者中村が、議場前方から株主に向けてビデオ撮影をする。
　　②　議長は、株主に対し、合図をするまで拍手を継続することを求める。
　　③　検査役補助者中村が検査役に合図をし、検査役が議長に合図をした後に、議長が拍手を止めるようにアナウンスをする。
　イ　各議案について、拍手をしていた株主は以下のとおりである（資料

27「録画DVD」参照）。また、カッコ内の数字は当日出席及び委任状出席の採決結果を検査役にてカウントしたものであり、議場で議長が発表した数字ではない（資料21「入場株主一覧表」参照）。なお、議場では「賛成の方は、拍手をお願いします」とのみアナウンスしていたところ、拍手をしていない株主を（棄権ではなく）反対とカウントしている。

［会社提案］

　　第1号議案：出席番号8番及び18番以外の株主

　　第2号議案：出席番号8番、18番及び20番以外の株主

［株主提案］

　　第3号議案：出席番号8番、18番及び20番の株主

　ウ　各議案は、第1号議案及び第2号議案は賛成多数で可決され、第3号議案は反対多数で否決された。

⑿　**集計結果**

　6月29日午前10時19分現在の事前行使分の集計表（資料22）、前記⑾の採決結果、並びに前記ア及びイの取扱いを踏まえて検査役において集計した各議案の結果は、下表のとおりである。

議案		賛成	反対	棄権
第1号議案	羽柴太郎	7,291	2,857	7
	乙野次郎	7,299	2,849	7
	丙川三郎	7,297	2,851	7
	丁里四郎	7,295	2,853	7
	戊森五子	7,291	2,857	7
第2号議案		5,432	4,321	55
第3号議案	織田一義	2,858	7,292	15
	柴田次郎	2,857	7,293	15
	滝川三郎	2,840	7,296	15

4　議決権行使書等の検査役への提出

⑴　会社は、6月29日（株主総会当日）、「10時03分時点の出席状況表」（資料20）及び「10時19分時点の事前行使分の集計表」（資料22）を、それぞれ即時に、検査役に提出した。

⑵　証券代行会社は、7月5日、電子投票及び書面投票のログデータ（資料24）を、検査役に宛ててEメールで提出した。

⑶　会社は、7月5日、入場株主一覧表（資料21）のデータを、検査役に宛ててEメールで提出した。

⑷　会社は、7月6日、議決権行使書（資料23）及び委任状（資料19）の原本を検査役に宛てて郵送した。

5　ビデオ撮影

　本件株主総会における議事進行は、議長が開会時に議場に告げた上で、会社が録画し、音声情報を反訳した。検査役は会社から、動画データ及び反訳書

（資料28）を受領したので、本報告書に添付する。

　検査役は、受付の状況及び採決時の株主を録画した。このうち、採決時の株主の録画についてプライバシーに配慮して加工したものを、会社から受領した動画データと共に録画 DVD（資料27）として本報告書に添付する。

以　上

別紙　　関係者位置関係図（略）

添 付 資 料

1　　2021年5月13日付け取締役会議事録
2　　定款
3－1　統計表
3－2　株主名簿
4　　株主総会招集通知
5－1　郵便物差出票
5－2　郵便物等取扱票
5－3　手渡しリスト
6－1　株主総会招集請求書
6－2　株主提案書
7　　議決権行使書
8－1　「新型コロナウイルス感染拡大に伴うスマホでの議決権行使のお願い」
8－2　封筒
9－1　委任状（会社側）
9－2　委任状記入見本
9－3　「委任状ご提出のお願い」
10－1　委任状（株主側）
10－2　委任状記入見本
10－3　2021年6月10日付け「羽柴興産株式会社から皆様に送付された書面の注意点」
11－1　照会書
11－2　回答書
12　　電子投票の web サイト
13　　提案株主作成の連絡書
14　　令和3年6月24日付け議事録
15－1　入場票
15－2　再入場票
16－1　招集通知の記載事項の訂正書
16－2　個別注記表
16－3　「議案概要説明資料」

17－1　当日出席株主の議決権行使書及びご入場票並びに副票
17－2　傍聴者の名刺及び副票
18　　　委任状（提案株主）
19－1　委任状（会社）
19－2　委任状（会社）（無効分：当日出席）
19－3　委任状（会社）（無効分：受任者の議決権行使と異なる）
19－4　委任状（会社）（無効分：本人確認資料なし）
20　　　10時03分時点の出席状況表
21　　　入場株主一覧表
22　　　10時19分時点の事前行使分の集計表
23　　　議決権行使書
24　　　電子投票及び書面投票のログデータ
25　　　臨時報告書
26　　　会場図
27　　　録画 DVD
28　　　反訳書

以　上

✦Topic✦　バーチャル株主総会と総会検査役

　経済産業省は、2020年２月に策定した「ハイブリッド型バーチャル株主総会の実施ガイド」（以下「実施ガイド」という。）において、バーチャル株主総会を、①バーチャルオンリー型株主総会、②ハイブリッド出席型バーチャル株主総会、③ハイブリッド参加型バーチャル株主総会の３種類に分類する。

　現時点で事案の集積が乏しいことから、まずは、総会検査役において経済産業省の「ハイブリッド型バーチャル株主総会の実施ガイド」及び「実施事例集」を読み、一般的に問題となりそうな点を把握しておく。そのうえで、実施されるバーチャル株主総会のシステムを、会社や総会支援会社などの関係者から事前聴取することによって把握することが肝要である。議決権の行使方法、株主の本人確認方法や記録の保存について、確認する必要がある。特に、インターネット上で複数回議決権行使ができる場合や、インターネット上で議決権行使をした後に当日出席する場合には、どのようなルールで議決権行使がカウントされているのか、招集通知でルールが周知されているか、ルール通りに集計されているか確認する必要がある[60]。

　また、②及び③のハイブリッド型の場合には、検査役が会場に臨場すること

60　「座談会」38頁。

ができるが、①バーチャルオンリー型の場合には、どこでどのように調査をするか検討をする必要がある。通信障害のリスクを考慮すれば、会社の総会運営事務局側と同じ場所に赴き、調査をすべきものと思料する。

　電子投票システムについて、一般的にはICJの議決権電子行使プラットフォームが使われているのでそのシステムについて詳細に調査する必要はないが、これと異なる汎用性のないシステムが使われている場合には、システム自体も調査対象となり得る[61]。

　当日の調査としては、バーチャルで参加又は出席している株主の議決権行使や質問が、まずはシステム上会社に届いているかを確認する。そのうえで、②及び③のハイブリッド型の場合には、バーチャルで参加又は出席している株主の議決権行使、動議の提出、質問などが、それぞれの類型に応じて対応されているかを確認する[62]。

　電子行使された議決権についてはログを保存し、総会終了後に速やかにデータで受領する。

　通信障害が生じた場合には、当日の議長の対応を調査するほか、通信障害の原因と総会終了後の会社の対応について事後調査を行う。

61　「座談会」38頁。
62　「座談会」39頁。

第3章 具体的な事案に見る 株主総会検査役の役割

3-1—㈱ LIXIL グループの事案——議場内での議決権行使のカウント

1 事案の概要[1]

(1) 問題の発生

　㈱ LIXIL グループは、トステム、INAX、新日軽、サンウエーブ工業、東洋エクステリアの5社が2011年4月11日に統合することによってできた住設機器メーカーである事業会社㈱ LIXIL を子会社に持つ事業持株会社である[2]。また、2011年から指名委員会等設置会社である[3]。

　2016年1月1日、瀬戸欣哉氏が㈱ LIXIL グループの代表執行役兼 COO 及び㈱ LIXIL の代表取締役社長兼 CEO に就任したが、2018年10月31日、同社指名委員会の勧告に基づき、取締役会にて瀬戸氏の CEO 退任と、潮田洋一郎氏の代表執行取締役会長兼 CEO に就任及び山梨広一氏の代表執行役兼 COO 就任を決定した。潮田氏及び山梨氏は5名からなる指名委員会のメンバーでもあった[4]。

　2018年10月26日に開催された指名委員会にて潮田氏が「瀬戸さんが辞めたいと言っている」と説明し、指名委員会が瀬戸氏に退任を求めることを決めた。10月27日に潮田氏が電話で瀬戸氏に「指名委員会の総意で瀬戸さんに辞任を求めることにした」と告げ、瀬戸氏が「指名委員会の総意であれば仕方がない」として10月31日の取締役会にて CEO 退任に応じた。しかし、

1　秋場大輔『決戦！株主総会——ドキュメント LIXIL 死闘の8カ月』（文藝春秋、2022年）を参照した。
2　㈱ LIXL グループは、2020年12月1日に持株会社体制を解消して事業会社になり、㈱ LIXIL に商号変更した。
3　当社 IR 資料（2011年6月27日付）。
4　当社 IR 資料統合報告書2018年3月期（ただし2018年6月21日時点）。

図表3-1-1 ㈱LIXILグループの事案

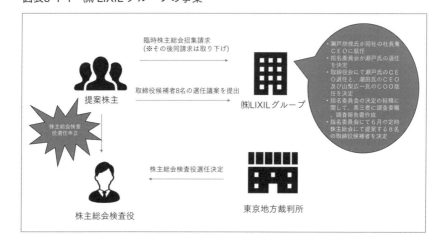

「瀬戸さんが辞めたいと言っている」との潮田氏発言が事実に反しているのではという疑問があった。そこで、取締役会は11月27日付けで第三者の弁護士に調査を委嘱することとした。同調査の上で、12月21日に取締役会は瀬戸氏退任の経緯に問題はないとする中間報告を出し、2019年2月25日に調査報告書「要旨」を、報告書を作成した法律事務所の名義ではなく会社名義で開示した[5]。

　業績の悪化、ガバナンス不全などを原因とする株価の低迷を問題視した瀬戸氏は、臨時株主総会の開催によって潮田氏と山梨氏を退任させ新しい役員体制を構築すべきと考え、主要株主4社に働きかけた。これら主要株主複数名は、2019年3月20日付けの書面で、会社に対して臨時株主総会の招集請求をした[6]（会297条）。会社は3月25日、5月中下旬を目処に臨時株主総会を開催する予定であると発表したが[7]、取締役選任議案の提案との関係で提案株主側が5月9日付けで同招集請求を取り下げたことにより[8]、実際には6月25日開催の定時株主総会によることとなった。

<hr>

5　当社IRニュース（2019年2月25日付）。
6　当社IRニュース（2019年3月22日付）。
7　当社IRニュース（2019年3月25日付）。
8　当社IRニュース（2019年5月9日付）。

図表3-1-2　本事案の時系列

年月日	出来事
2016年1月1日	瀬戸欣哉氏が同社の社長兼 CEO に就任。
2018年10月26日	同日開催された指名委員会にて潮田洋一郎氏が「瀬戸さんが辞めたいと言っている」と説明し、指名委員会が瀬戸氏に退任を求めることを決定。
2018年10月31日	同社指名委員会の勧告に基づき、取締役会にて瀬戸氏の CEO 退任と、潮田氏の代表執行役兼 CEO 及び山梨広一氏の代表執行役兼 COO 就任を決定。
2018年11月27日	指名委員会での瀬戸氏の辞任の意向に関する潮田氏発言の真実性に疑義があるとして、取締役会が第三者の弁護士に調査委嘱することを決定。
2018年12月21日	調査結果を踏まえて取締役会が瀬戸氏退任の経緯に問題はないとする中間報告を出す。
2019年2月25日	第三者弁護士作成の調査報告書の「要旨」を会社名義で開示。
2019年3月20日	主要株主複数名より臨時株主総会の招集請求書面提出。
2019年4月19日	提案株主側 (瀬戸氏及び伊奈氏) が取締役候補者8名の選任議案を提出
2019年5月9日	提案株主側が臨時株主総会招集請求を取り下げ。
2019年5月12日	指名委員会にて6月の定時株主総会にて提案する8名の取締役候補者を決定。
2019年5月13日	取締役会が前日の指名委員会の決定を支持する旨決議。
2019年6月4日	提案株主側が総会検査役選任を申立てる。
2019年6月14日	東京地方裁判所にて総会検査役が選任。
2019年6月25日	定時株主総会開催。

　提案株主側の瀬戸氏及び伊奈氏は、4月19日付けで会社に対し取締役候補者8名の選任議案を提出し[9]（会303条。後の2・3号議案）、会社側も5月12日開催の指名委員会にて6月の定時株主総会にて提案する8名の取締役候補者を決定し、5月13日に取締役会が指名委員会の指示することを決議し、同日このことを発表した[10]（ただしその後、2名の取締役候補者を追加し、計10名とした[11]。後の1・2号議案）。なお、両者の提案は候補者が2名が重なっているが、この2名は5月23日に提案株主側が開いた記者会見で、「会社提案という形では受けない。株主提案として名前を挙げさせてほしい。」などと述べており[12]、実質的に提案株主側の候補者である。後の2号議案）。

　また、提案株主側は6月4日に総会検査役の選任申立てをし、6月14日

9　当社 IR ニュース（2019年4月19日付）。
10　当社 IR ニュース（2019年5月13日付）。
11　当社 IR ニュース（2019年5月17日・20日付）。
12　2019年5月23日日本経済新聞デジタル版。

に東京地方裁判所にて総会検査役が選任された[13]。

(2)　株主総会

　㈱LIXIL グループは、2019年6月25日に定時株主総会を開催した。この結果、第1号議案（会社提案）の8名のうち、6名が可決、2名が否決された。2号議案（会社・株主提案）の2名、3号議案（株主提案）の6名はいずれも可決された。上記のとおり2号議案の2名は実質的に提案株主側の候補者であるため、要するに提案株主側8名、会社側6名が選任され、提案株主側が取締役会の多数を占めることとなった[14]。

　その後同日中に開催された取締役会で、瀬戸氏が代表執行役社長兼CEOに、松﨑正年氏が取締役会議長に就任することが決まった。また、同社は指名委員会等設置会社であるところ、指名委員会委員長に西浦裕二氏、監査委員会委員長に三浦善司氏、報酬委員会委員長に濱口大輔氏がそれぞれ就任した[15]。

2　検査役の果たした役割

　本件では、取締役選任議案に対する両者の勢力が拮抗しており、前日までの事前行使分の集計では決着がつかないこと、総会開催の直前に多くの委任状が届くことが予想された。さらに世間の耳目を引いており多くの株主が実際に来場して議決権行使することも予想された。そこで会社は、証券代行会社による票のカウントをサポートさせるため、総会運営補助会社に総会運営補助の委託をしている。

　検査役は事前調査において、会社、証券代行会社のみならず総会運営補助会社からも十分にヒアリングをして、投票用紙（マークシート方式）の配布方法、その収集方法、カウンターを使用してのカウント方法、証券代行会社との情報のリンクの方法を確認した。同時に証券代行会社に、総会運営補助

13　当社 IR ニュース（2019年6月14日付）。
14　当社 IR ニュース（2019年6月25日付）。
15　2019年6月25日開示情報。

会社から得た票の結果を証券代行会社のエクセルに取り込む方法や、議場にて議決権行使をした株主における事前議決権行使結果の消し込み方法等について確認した。その結果、議場で行使された票の取込み及び事前議決権行使結果の消し込みは、機械的にかつスムーズに行われることが判明した。実際にも株主総会では比較的短時間でカウントが済んだ。

　本件では議場での議決権行使から結果の発表まで約2時間を要しているが、それは、もともと賛否が拮抗していたので、結果発表前に慎重を期して何度もカウントをし直したからであると思われる。

3-2——㈱関西スーパーマーケットの事案——棄権票が賛成票に

1　事案の概要

　後記基本事件の抗告審決定における事実認定に従い、少し詳しく事案を説明することとしたい[16]。

(1)　基本事件——株主交換の仮の差止めを求める仮処分申立事件

　㈱関西スーパーマーケット（以下「KS 社」という）の株主であるオーケー㈱（以下「OK 社」という）は、2021 年 6 月 9 日、KS 社に買収を提案した。KS 社の上場来最高値である 1 株2,250円で TOB（株式公開買付け）を実施し、KS 社の子会社化を目指すとした。

　KS 社は特別委員会にて上記買収提案の検討をしたが、結果的にこれに応じることなく、8 月31日、エイチ・ツー・オー リテイリング㈱（以下「H2O」社という）の子会社であるイズミヤ㈱及び㈱阪急オアシスとの間で株式交換契約を締結し、12月 1 日付けで株式交換を実施することにより経営統合することを発表した[17]。同日、KS 社を買収する側の H2O 社は、株式交換により12月に KS 社を子会社化し、2022年 2 月にスーパーマーケット事業の中間持株会社を設立して傘下に 3 社を傘下にする構想を発表した[18]。

　KS 社は 9 月30日、KS 社100％出資の子会社である KS 分割準備株式会社との間で、2022年 2 月 1 日を効力発生日とする吸収分割契約を締結した[19]。そして10月29日に開催した臨時株主総会（本件臨時総会）において、株式交換契約及び吸収分割契約を承認する旨の決議（本件決議）がされた[20]。

　ところが OK 社は、11月 9 日、本件決議には決議の方法の法令違反かつ著しい不公正という決議取消事由（会831条 1 項 1 号）があり、これにより KS

16　事実関係の整理につき、基本事件の抗告審決定における事実認定のほか、公開情報及び関西スーパー争奪を参照した。
17　当社 IR 情報（2021年 8 月31日付）。
18　H₂O 社 IR 情報（2021年 8 月31日付）。
19　当社 IR 情報（2021年 9 月30日付）。
20　当社 IR 情報（2021年10月29日付）。

図表3-2-1 ㈱関西スーパーマーケットの事案

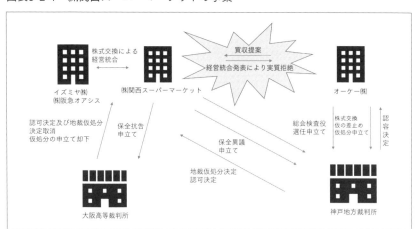

社の株主が不利益を受けるおそれ（会796条の２柱書本文）があると主張して、KS 社に対する同法796条の２第１号に基づく株式交換差止請求権を被保全権利として、本件各株式交換の仮の差止めを求める仮処分を神戸地方裁判所に申し立てた。これが基本事件である。

(2) 裁判の経過

　神戸地方裁判所は2021年11月22日、OK 社の申立てを相当と認め、OK 社に１億5,000万円の担保を立てさせて、これらを認容する決定をした（地裁仮処分決定）[21]。

　KS 社は11月24日、神戸地方裁判所に保全異議の申立てをして地裁仮処分決定の取消しを求めたが、裁判所は、地裁仮処分決定を認可する旨の決定をした（認可決定）[22]。

　KS 社は認可決定の結果を受けて、11月26日、イズミヤ㈱及び㈱阪急オアシスとの間で、本件各株式交換につき、効力発生日を2021年12月１日から同月15日に変更する旨の合意をした[23]。そして11月30日、認可決定を不服と

---

[21]　神戸地決令和３年11月22日 westlaw japan。
[22]　神戸地決令和３年11月26日 westlaw japan。
[23]　H2O 社 IR 情報（2021年11月26日付）。

図表3-2-2　本事案の時系列

年月日	出来事
2021年6月9日	㈱関西スーパーマーケット（以下「KS社」）の株主であるオーケー㈱（以下「OK社」）が、KS社に買収を提案
2021年8月31日	KS社は、エイチ・ツー・オー　リテイリング㈱（以下「H2O」社）の子会社であるイズミヤ㈱及び㈱阪急オアシスとの間で株式交換契約を締結し、12月1日付けで株式交換を実施することにより経営統合することを発表。
2021年8月31日	H2O社は、株式交換により2021年12月にKS社を子会社化し、2022年2月にスーパーマーケット事業の中間持株会社を設立して3社を傘下にする構想を発表。
2021年9月30日	KS社取締役会において、本件経営統合に係る各議案を付議するため、2021年10月29日に本件臨時株主総会を開催する旨決議。
2021年9月30日	KS社は、KS社の100%出資子会社であるKS分割準備株式会社との間で2021年12月1日を効力発生日とする吸収分割契約を締結。
2021年10月4日	KS社及びOK社がそれぞれによる本件臨時株主総会の株主総会検査役申立てに対して、神戸地方裁判所が株主総会検査役を選任。
2021年10月29日	臨時株主総会（本件臨時総会）において、株式交換契約及び吸収分割契約を承認する旨の決議（本件決議）がされる。
2021年11月9日	OK社が、KS社に対する会社法法796条の2第1号に基づく株式交換差止請求権を被保全権利として、本件各株式交換の仮の差止めを求める仮処分を神戸地方裁判所に申し立てる。
2021年11月22日	神戸地方裁判所は、OK社の申立てを相当と認め、OK社に1億5,000万円の担保を立てさせて、これらを認容する決定。
2021年11月24日	KS社が、神戸地方裁判所に保全異議の申立てをするも、裁判所は地裁仮処分決定を認可する旨の決定をする。
2021年11月26日	KS社がイズミヤ㈱及び㈱阪急オアシスとの間で、本件各株式交換につき、効力発生日を2021年12月1日から同月15日に変更する旨合意。
2021年11月30日	KS社は、神戸地裁の認可決定を不服として大阪高等裁判所に保全抗告の申立て。
2021年12月7日	大阪高等裁判所は、認可決定及び地裁仮処分決定を取り消して、仮処分の申立てを却下。
2021年12月14日	OK社による即時許可抗告の申立てに対し、最高裁判所は許可抗告を棄却する旨決定。

して大阪高等裁判所に保全抗告の申立てをした[24]。

　抗告審である大阪高等裁判所は、12月7日、認可決定及び地裁仮処分決定を取り消して、仮処分の申立てを却下した[25]。要するに地裁の判断を覆し、本件決議の有効性を認めた。

24　当社IR情報（2021年11月30日付）。

25　大阪高決令和3年12月7日 westlaw Japan、弥永真生「判批」ジュリスト1567号（2022年）2頁、温笑侗「判批」ジュリスト1573号（2022年）133頁ほか。

OK 社は即日許可抗告の申立てをしたが、最高裁判所は12月14日、許可抗告を棄却する旨の決定をした[26]。

(3) 本件臨時総会

KS 社は、2021年9月30日開催の取締役会において、本件経営統合に係る各議案を付議するため、10月29日に本件臨時総会を開催することを決議した[27]。総会に上程する議案は第5号議案まであるが、主な議案は、1号議案（KS 社とイズミヤ㈱及び㈱阪急オアシスとの株式交換契約承認の件（本件議案）、2号議案（当社と KS 社分割準備株式会社との吸収分割契約承認の件）である。

KS 社は10月14日、「臨時株主総会招集ご通知」（本件招集通知）を株主に対して発した[28]。KS 社は、本件招集通知において、議決権行使書又はインターネット等による方法のほか、委任状による方法（代理人に対して議決権行使を委任する方法）を案内した。また、本件招集通知には、委任状による議決権行使と議決権行使書又はインターネット等による議決権行使が重複してなされた場合は、委任状による議決権行使が有効なものとして取り扱われる旨、議決権行使書とインターネット等による議決権行使が重複してなされた場合は、インターネット等による議決権行使の内容が有効なものとして取り扱われる旨、インターネット等により複数回議決権を行使した場合は最終のものが有効な議決権行使と取り扱われる旨が記載されている。

(4) 株主総会検査役の選任

KS 社、OK 社はそれぞれ、本件臨時総会の招集の手続及び決議の方法の適法性担保に慎重を期すために、神戸地方裁判所伊丹支部に株主総会検査役の選任を申し立てた[29]。10月7日、裁判所は株主総会検査役として幸寺覚弁護士を選任した[30]。

---

26 最二小決令和3年12月14日 westlaw japan。
27 当社 IR 情報（2021年9月30日付）。
28 当社 IR 情報（2021年10月14日付）。
29 当社 IR 情報（2021年10月4日付）。
30 当社 IR 情報（2021年10月14日付）。

　株主Aは株式会社であり、KS社の株主総会の議決権を2,620個保有している。Bは、株主Aの代表取締役副社長である。

　株主Aは2021年10月22日付けで、本件招集通知に同封されていた議決権行使書と委任状が一体となった書面を使用して、委任状及び議決権行使書の各賛否表示欄の本件議案を含めたすべての議案の賛成欄に「○」印を記載し、委任先の記入はせずに、代表者であるDの署名及び代表者印による押印をした書面を作成のうえ、委任状と議決権行使書を切り離さない状態で、KS社に郵送した。

　また、株主Aは10月27日、KS社に対し、事前に委任状を提出するが、本件臨時総会の議事の傍聴を希望する旨連絡した。株主Aは、職務代行通知書をBに持たせて、Bを本件臨時総会に派遣することにした。職務代行通知書には、株主A代表取締役社長Dが本件臨時総会の全議案につき会社原案に賛成の議決権を行使するにあたり、Bを職務代行者として派遣する旨の記載があった。

(5)　Aの職務代行者Bの来場

　2021年10月29日午前9時、本件臨時総会の受付が始まった。KS社は、事前に傍聴したい旨の連絡を受けた複数名の法人株主に対し、傍聴の意向を確認し、出席の意向を表明した来場者には、本件投票用紙と筆記具が同包されている「株主出席票」を交付し、傍聴の意向を表明した来場者には株主出席票を交付せず、「関係者」と記載されたプレートのついたネックストラップを交付した。本件臨時総会では、当日出席した株主による議決権行使は、投票用紙（マークシート方式）による投票の方法によって行われることになっていた。

　Bは、本件臨時総会開会前に受付に来場し、株主総会受付票に株主Aの会社名及び会社住所を記載した。そして、受付担当者から本人確認書類の提示を求められたので、職務代行通知書、名刺及び提出済みの議決権行使書と委任状が一体となった書面（ただし、委任状の作成日付欄並びに委任状及び議決権行使書の各議案に係る賛否表示欄への記入前のものの写し。以下同じ。）を提出した。

　Bは受付担当者から、事前の連絡どおり傍聴する意向かを聞かれたが、傍

聴の場合は別室でモニター越しに見ることになると思い、会場で直に議長や役員の受け答えを聞きたかったことから、受付担当者に対し、傍聴ではなく出席したいと述べた。Bは、取締役会の総意のもと株主Aの賛否の意見は議決権行使書と委任状が一体となった書面を出しており、本件招集通知も熟読していたことから、議場でのやりとりを聞いてその意見を自ら変えるという考えはなかった。

Bは、受付担当者から出席株主としての「株主出席票」を受け取り、会場建物の３階に設けられた本件臨時総会の会場（議場）に入場した。その際、受付担当者から、Bに対し、本件臨時総会に出席した場合は、議決権行使書による事前の議決権行使や委任状による代理権授与が無効ないし撤回されたものとして取り扱われるなどの説明はなかった。

(6) KS社による投票方法の説明

午前10時、本件臨時総会が開会され、午後１時40分頃、議長が議案の採決に移る旨を述べた。

議長は、出席株主に対し、①議案の採決は、正確性を期すため投票用紙（マークシート）を用いた投票の方法による旨説明した。その上で、議長及びKS社の従業員（以下「事務局担当者」という）は、議場に設置したスクリーンも使用しながら、②投票用紙（マークシート）の記入方法につき、マークの記入がない投票用紙を提出すると棄権として扱われ、投票用紙の不提出は不行使として扱われるので注意するよう説明し、また、③棄権は事実上反対と同じ効果を持つことになるので、賛成でも反対でもなく、議決権行使を希望しない場合は、棄権とするのではなく、投票用紙を提出せず不行使とするようお願いする旨、その他投票用紙の注意事項も確認の上、不明点等があれば係の者に尋ねるよう求める旨を説明し、上記棄権の点については繰り返して説明をした。

議長および事務局担当者は、その際、事前に議決権行使書またはインターネット等による議決権行使をしていた株主や委任状を提出した株主であっても、本件臨時総会に出席した場合は、議決権行使書による事前の議決権行使や委任状による代理権授与が無効ないし撤回されたものとして取り扱われ、改めて投票用紙に記入して議決権行使を行わなければならない旨の案内はし

なかった。また、投票する株主から投票用紙外の意思表明があった場合や、投票した株主から投票終了後に意思表明がされた場合などの取扱いについても特に説明をしなかった。

　午後1時40分頃、議長は、事前の議決権行使では賛否は決着しておらず、本日出席した株主の投票で賛否が決着する旨述べ、改めて投票用紙の記入方法について上記と同様の説明をしたうえで、出席株主の議決権数を確定させるため、投票手続が終了するまで議場閉鎖を行い、株主の入退場を制限した。

(7)　議場におけるBの行動

　投票用紙を回収するKS社の担当者は、午後1時50分頃から株主席を回り、投票用紙を回収用の透明プラスチックの箱（本件投票箱）に入れてもらう方式によりこれを回収した。Bの座席付近の投票用紙の回収はKS社の従業員であるIが行った。

　Bは、自席に来たIに対し、投票用紙を本件投票箱の回収口に差し入れる仕草をしながら、議決権行使をすでに発送しているが、どうしたらいいのかなというニュアンスのことを尋ねた。Iが回答に窮し、明確な回答ができないでいたところ、Bは、指で投票用紙の左上角部分に記載された受付番号付近を指し示しながら、「後で番号とかで突き合わせて分かるから、いいか」などと述べて、未記入の投票用紙をそのまま本件投票箱に入れた（本件投票）。なお、Bは、投票用紙を提出する前に、複数回なされた「何も記入せずに提出すると棄権扱いになる」という前記のアナウンスは聞いていたが、これまでの経験では、事前の議決権行使でほとんど賛否がある程度決まっており、議場で議決権を行使するという経験はなく、マークシート方式による投票も初めてであったことなどから、出席株主の議場での議決権行使の意味を十分認識しておらず、株主Aによる事前の議決権行使が生きていて、さらに議場において自ら賛成の意思を示す投票をする必要はない（投票が重複してしまう）と思い込んでいた。

(8)　集計作業

　本件臨時総会における投票の集計作業は、外部委託業者2社が行った。午

後３時までに集計作業が完了しない見込みとなった。午後３時、議長は、午後３時になったが非常に僅差で集計に時間がかかっており、時間がほしい旨のアナウンスを行い、休憩時間を午後４時まで延長した。

　総会検査役は、集計作業の場に同席しており、外部委託業者が集計結果を取りまとめ、午後２時57分にプリントアウトした「議決権行使集計結果報告書」をその頃受領した。この時点で、株主Ａの投票は「当日（会場）議決権行使集計分」の「棄権」として扱われており、同報告書には、本件議案についての賛成（「事前議決権行使分」、「当日（会場）議決権行使分」及び「会社側委任状集計分」の総合計）は65.71％である旨が記載されていた。

(9)　集計作業開始後のＢの行動

　Ｂは、集計結果の発表まで時間がかかり、僅差であるという説明もあったことから、自分が白紙で出した投票用紙の影響が気になり、午後３時40分頃、２階の受付を訪れ、受付担当者に対し、責任者を呼んでほしいと述べた。Ｂは、駆けつけたKS社代理人弁護士に対し、事前に全議案賛成の委任状を出していたので二重計上にならないように投票用紙に何も記入せずに投票したが、きちんと事前の意思表示のとおり取り扱われているか確認してほしい旨述べた。

　午後３時45分頃議場にいた総会検査役は、KS社代理人弁護士から話がある旨の申入れを受け、別室でＢから詳しく事情を聴いた。Ｂは、①株主Ａは本件議案を含めた全ての議案について、議決権行使書及び委任状の賛成欄に〇を付けて事前に返送し、職務代行通知書にも賛成と記載したが、Ｂは議事内容を聞くため本件臨時総会に出席したこと、②議決権行使書及び委任状の全ての賛成欄に〇を付けて事前に返送したので、マークシートは白紙で出したこと、③マークシートを白紙で出す前に、回収に来た人に、事前に議決権行使をしたので、という旨の説明をしていること、④集計結果の発表まで時間がかかっており、自分が出したマークシート投票用紙の取扱いが気になり、受付にいる人に聞いてみたことなどを説明した。総会検査役はＢに対し、投票用紙を白紙で出せば棄権になる旨の説明を聞いていたかと質問したところ、Ｂは聞いていたと答え、今回自発的に受付に聞いたのか、誰かに言われて聞いたのかを尋ねたところ、Ｂは自発的に受付に聞いた、誰かに何か

言われたようなことはないと回答した。

　以上を受けて議長は、株主Ａの議決権行使を<u>賛成</u>として取り扱うこととした。

　午後４時10分頃、議長は本件臨時総会を再開し、本件議案を含む全ての議案が可決されたと報告するとともに、本件議案については、賛成した株主の議決権割合が66.68％である旨の補足説明を行い、午後４時14分頃、本件臨時総会は終了した。最終の議決権行使集計結果報告書では、株主Ａの投票は、「当日（会場）議決権行使集計分」の「賛成」として扱われた。

⑽　２つの裁判例の検討

　ところで、本案件でKS社側が強気だったのは、事前の議決権行使と会場での投票内容が違う場合に、事前の議決権行使を有効と判断した裁判例があったからだと言われている[31]。そこでここでは、KS社側が依拠したと思われる２つの裁判例について検討する。

　　ア　事前の議決権行使と議場での投票内容とが異なる場合の両者の優劣について（東京高判令和元年10月17日金判1582号30頁・資料版商事429号78頁（アドバネクス株主総会決議不存在確認等請求事件控訴審）

　Ｙ社の株主であるＸ₁、Ｘ₂及びＸ₃社が、平成30年６月21日に開催されたＹ社の第70期定時株主総会において、Ｙ社提案のＸ₁ら７名を取締役に選任する旨の議案（本件会社議案）が可決しており、Ｎが議長と称して行ったＸ₁ほか３名に代えてＦほか２名を取締役に選任するとの修正動議（本件修正動議）に係る決議（本件決議）には重大な瑕疵があるから不存在であるとして、①主位的に、Ｘ₁ほか３名がＹ社の取締役の地位を有することの確認及び本件決議の不存在確認を求め、②予備的に、本件決議に会社法831条１項１号の取消事由があるとして、本件決議の取消しを求めた事案である。

　この件では、株主であるｂ銀行が事前にＹ社の提案した取締役選任議案に賛成する旨の議決権を行使していたが、株主総会に出席した代理人ｄは、本件会社提案及び本件修正動議について投票できないとして白紙で投票用紙を

Y社に返還した。かような b 銀行代理人 d の投票行動につき、原判決（東京地判平成31年3月8日資料版商事421号31頁）は「棄権」と判断したが、本判決は原判決を取り消し、「本件会社提案に賛成、本件修正動議に反対」と判断した。

　この論点に関する本判決の判旨は以下のとおりである（下線は筆者による）。

　　(ア)　株主たる b 銀行は、Y社に対して本件会社提案に賛成する旨の議決権行使書を事前に送付していたところ、本件総会会場に入場した b 銀行の c 支社副支社長（当時）d は、本件会社提案及び本件修正動議について投票により議決権を行使することになった際、b 銀行から議決権行使の権限を授与されていなかったことから、Y社の担当者に対し、傍聴のために本件総会会場に入場しており、議決権の行使は事前に送付した議決権行使書によりされているから、投票することはできないことを説明し、何も記載せずに投票用紙を返還したことが認められる。

　　書面による議決権行使の制度は、株主の意思をできるだけ決議に反映させるために株主自身が株主総会に出席することなく議決権を行使できるよう設けられた制度であるところ、……b 銀行の担当者は、本件総会会場に入場したが、b 銀行から議決権行使の権限を授与されておらず、本件会社提案及び本件修正動議についての投票の際、Y社に対してその旨を説明しており、Y社においても b 銀行が議決権行使書と異なる内容で議決権を行使する意思を有していないことは明らかであったといえる。このような状況においては、上記のような書面による議決権行使の制度の趣旨に鑑み、Y社において確認している株主の意思に従って議決権の行使を認めるべきであるから、投票による本件会社提案及び本件修正動議について欠席として扱い、事前に送付されていた議決権行使書に示された b 銀行の意思に従って、本件会社提案に賛成、本件修正動議に反対として扱うのが相当である。

　　(イ)　Y社は、株主総会に傍聴者の入場を認めておらず、b 銀行の職務代行者が本件総会に出席したのであるから、書面による議決権行使は撤回されたものとして扱われるべきであると主張する。

　　しかし、d は、議決権の行使について何らの権限を授与されておらず、傍聴者として本件総会会場に入場したのであり、職務代行者として

入場したとは認められないから、ｄが本件総会会場に入場したことや投票前に議場を退場しなかったことをもって、事前の書面による議決権の行使が撤回されたものと認めることはできない。

　さらにＹ社は、株主総会において、議長が投票により採決すると決めた場合には、投票によって意思を表明しない者の議決権をその者の内心を推測して扱うことは許されないと主張する。

　しかし、ｄは、本件会社提案及び本件修正動議についての投票の際、第１審被告に対して議決権行使の権限を授与されていないことから本件総会で議決権を行使しないことを明らかにしているのであるから、議決権行使書に示されているｂ銀行の意思に沿った議決権行使が認められるべきであり、議決権者の内心を推測して扱うものではないから、第１審被告の主張は前記判断を左右するものではない。

イ　議決権行使書に賛否の表示がない（白紙）場合の「棄権」「不行使」扱いについて（大阪地判平成13年２月28日金判1114号21頁）
　株主総会における議決権行使書面に賛否の表示がない場合に、取締役（会社側）提出議案については賛成とし、株主提出議案については反対として取り扱っても、決議方法が著しく不公正なとき（商法247条１項１号。現行会社法831条１項１号に相当）に当たらないとされた事案である。判旨は以下のとおりである（下線は筆者による）。
　㋐　商法特例法21条の３第５項に基づき制定された参考書類規則７条は、議決権行使書面には、賛否の欄に記載のない議決権行使書面が提出されたときは、各議案について、賛成、反対又は棄権のいずれかの意思表示があったものとして取り扱う旨を記載することができると規定している。すなわち、賛否の欄に記載のない議決権行使書面が提出されたときに、これを無効とすることなく、賛成、反対又は棄権のいずれかの意思表示があったものとして取り扱うことを認めるとともに、賛成、反対又は棄権のいずれの意思表示があったものとして取り扱うかについては、議案ごとに会社の裁量で決定することを認め、ただ、会社の恣意的な取扱いを防ぐため、どのように取り扱うかについて予め議決権行使書面に記載することを求めているのである。

　(イ) 確かに、賛否の欄に記載のない議決権行使書面が提出された場合において、取締役提出の議案については賛成、株主提出の議案については反対の各意思表示があったものとして取り扱うことは、余りに便宜的な措置であるとする考えもあり得ないではない。しかしながら、商法特例法21条の2に基づき制定された参考書類規則4条は、参考書類には株主提出の議案に対する取締役会の意見を記載することを求めているのであり、賛否の欄に記載のない議決権行使書面が提出されたとき、取締役提出の議案については賛成、株主提出の議案のうち取締役会が反対するものについては反対の各意思表示があったものとして取り扱うことが適切であるとの考えもあり得るところであり、少なくとも、右の取扱いが不合理であるとは言えない。

　そして、参考書類規則は、そのような様々な考えがあり得ることを考慮した上で、賛否の欄に記載のない議決権行使書面が提出されたとき、賛成、反対又は棄権のいずれの意思表示があったものとして取り扱うかについて、議案ごとに会社の裁量で決定することを認め、ただ、どのように取り扱うかについて、あらかじめ同書面に記載することを求めているのであり、もとより商法特例法21条の3第5項の委任の範囲を逸脱するものではない。

　(ウ) したがって被告会社は、本件参考書類に株主提出の本件議案2に反対することを記載し、かつ、本件議決権行使書面に賛否の表示がない場合には、取締役提出の本件議案1については賛成、株主提出の本件議案2については反対の各意思表示があったものとして取り扱う旨記載し（本件記載）、そのとおり取り扱っているのであり、これは商法特例法21条の3第5項に基づき制定された参考書類規則7条が規定するところに従っているのであるから、商法247条1項1号（筆者註：会社法831条1項1号に相当）が規定する決議の取消事由（決議ノ方法ガ著シク不公正ナルトキ）に当たらないことは明らかである。

⑪　総会検査役によるヒアリング

　総会検査役は、本件臨時総会終了後の午後4時40分頃から、改めてBから事情を聴取するとともに、回収担当者であったIからも事情を聴取した。

　株主Aの本件議案に係る議決権行使を「賛成」として取り扱うと、本件議案について賛成した株主の議決権割合が66.68％となり、本件臨時総会における本件議案の可決要件を満たすが、これを「棄権」あるいは不行使として取り扱うと上記可決要件を満たさないことになる。

⑿　総会検査役が株主総会後間もなく提出した検査役報告書
　総会検査役は、株主総会終了後間もない令和3年11月5日付けで検査役報告書を神戸地方裁判所（伊丹支部）に提出した。報告書には、株主総会当日の集計作業の顛末、とりわけ当初は棄権として扱っていた議決権を賛成に変えることで第1号議案の可決要件を満たしたことが記されている[32]。

2　裁判所の判断

(1)　第1審（神戸地方裁判所）の判断[33]
　総会会場では、白紙は棄権として取り扱うことを音声やスクリーンで繰り返しアナウンスしていた。また出席株主の議決権の行使内容はマークシートへの記載が提出・不提出という事実でのみ把握できるとして、株主がマークシートに記入せずに投票箱に入れた行為は、「議決権は行使するが、賛成ではないという意思としか解することができない」と判断した。
　マークシートを白紙で提出し、棄権と判断すべき株主Aの議決権行使を投票後に賛成とした行為について、「決議の方法に法令違反または著しい不公正がある」とした。
　以上から、1審はOK社の申立てを相当と認める決定をした。

(2)　抗告審（大阪高等裁判所）の判断[34]
　抗告審である大阪高等裁判所は、2021年12月7日、認可決定及び地裁仮処分決定を取り消して、仮処分の申立てを却下した。要するに地裁の判断を

32　資料版商事法務454号104頁以下。
33　神戸地決令和3年11月22日 westlaw japan、資料版商事法務454号102頁。
34　大阪高決令和3年12月7日 westlaw japan、資料版商事法務454号103頁。

覆し、本件決議の有効性を認めた。同裁判所は以下のとおり理由付けをしている。

「株主総会における議決権が個々の株主に認められた株主全体の意思決定に関わる最も基本的な権利で、株主による議決権の行使が株主総会に上程された議案に対する株主全体の意思決定に関わる株主の意見表明であることに照らすと、……投票のルールの周知や説明がされておらず、そのために株主がこれを誤認したことがやむを得ないと認められる場合であって、投票用紙以外の事情をも考慮することにより、その誤認のために投票に込められた投票時の株主の意思が投票用紙と異なっていたことが明確に認められ、恣意的な取扱いとなるおそれがない場合には、株主総会の審議を適法かつ公正に行う職責を有するといえる議長において、これら投票用紙以外の事情をも考慮して認められるところにより株主の投票内容を把握することも許容されると解するのが相当であり、議決権行使によって表明される株主の賛否の意思を適切かつ正確に把握してこれを株主総会の議決に反映させるためには、むしろそうすることが求められているというべきである。」とした。

そのうえで、本件で株主Aは事前に賛成の議決権行使書を送付しており、ところが総会会場で棄権とみなされる白票を誤って投票したと指摘し、このような場合には株主の意思が投票用紙と異なっていたと明確に認められ、投票用紙以外の事情を考慮し、賛成票として扱うことは許容されるとした。

また、上記イ(11)に関し、受付時、本件投票時及び休憩時間中にBが受付を訪れるまでのBの認識及び発言については、投票集計時の事情聴取でBが検査役に対し、本件臨時総会終了直後の事情聴取でB及びⅠがそれぞれ述べているが、これらを直接確認できる上記各時点での録音記録等は存しない。そこでOKは、B及びⅠの総会検査役に対する上記説明の信用性を争う旨の主張をした。この点につき裁判所は、詳細な検討をしたうえで、信用性ありと判断した。

以上から抗告審は、本件臨時総会の議長が本件株主の本件議案に係る投票を賛成として扱ったのは正当であり、これを前提とした本件議案に係る本件臨時総会の決議は可決要件を満たし有効であるとして、認可決定及び地裁仮処分決定を取り消し、仮処分の申立てを却下した。

(3)　最高裁の判断[35]

OK社の許可抗告申立てを棄却する旨の決定をし、KS社の勝訴が確定した。

3　検査役の果たした役割

(1)　集計作業への同席

総会検査役は、株主総会にて集計作業の場に同席しており、午後2時57分ころ外部委託業者がまとめた「議決権行使集計結果報告書」を受領し、この時点で、同報告書には、第1号議案についての賛成は65.71％であることを確認している。これは検査役として当然の作業であるが、ここの確認作業があったからこそ、その後にA株主の議決権行使結果は棄権ではなく賛成であると議長が判断し直し、第1号議案の可決要件をクリアするという結論に達したという経緯が明確になったといえる。

(2)　投票集計時のBからの事情聴取

総会検査役は、午後3時45分ころ、KS社代理人弁護士から話がある旨の申入れを受け、別室でBから詳しく事情を聴いている（1(9)(p.107)）。この時点で、総会検査役がA株主の議決権行使結果の取扱いの変更によって第1号議案の結論が変わってしまうところまで認識していたかは、抗告審決定の理由から明らかではない。しかし、約50分前である午後2時57分ころに受領した「議決権行使集計結果報告書」により賛成率は65.71％であることを確認していること、その時点でA株主は「棄権」扱いされており、A株主の議決権シェアを確認することは容易であったことからすれば、第1号議案の結果が変わりうることは十分に認識していたと思われる。結果が変わるならば重大な問題が発生するので（結果が変わらなくとも棄権票の取扱いは後日問題になりやすいので）、慎重に注意して対処するつもりでいたのであろう。A株主の議決権行使結果を「賛成」と変更しても、仮に賛成率が66.66％に止まったならば、（語弊はあるが）問題はそれほど大きくはない。66.67％を辛

35　最二小決令和3年12月14日資料版商事法務454号106頁。

うじて超えて結果が逆転してしまうからこそ極めて重要な変更であるといえるのであり、それゆえに後日争いになる可能性が高い。

　KS社代理人弁護士からの申入れがあったからこその事情聴取であったともいえるが、ここでBの事情聴取をし、その録音も残っていることは、後日の仮処分事件において決定的な意味を持つことになった。総会検査役として適切な対応であったといえる。

(3)　株主総会終了直後のB及びIからの事情聴取

　A株主の議決権行使の結果の取扱いが変更になったことにより、第1号議案は否決から一転して可決となった。重大な変更であり、それゆえに後日争いになる可能性が高い。総会検査役はその点を意識していたと思われ、(2)の事情聴取で終わることなく、さらに株主総会終了直後にB及びIから事情聴取をしている。

　後日争いになった場合、B及びIの証言内容は極めて重要であり、Bが「Iに会場で説明した」と証言していることからその裏付けをとる必要がある（ひいては、IからBへの働きかけがあったとすればそれは重要な事実である）と考えたゆえであったと思われるが、総会検査役として適切な対応であった。

　なお、OK社は仮処分事件において上記2(2)のとおり、受付時、本件投票時及び休憩時間中にBが受付を訪れるまでのBの認識及び発言については、投票集計時の事情聴取でBが検査役に対し、本件臨時総会終了直後の事情聴取でB及びIがそれぞれ述べているが、これらを直接確認できる上記各時点での録音記録等は存しないとして、B及びIの総会検査役に対する上記説明の信用性を争う旨の主張をしている。抗告審の決定は、中立的な検査役の聴取結果であること、OK社代理人弁護士がBとのやりとりを録音しておりその内容と照合すると検査役の報告内容は大筋で合致していることを前提に、信用性ありと判断しているものと思われる。なお言うまでもないが、受付時、本件投票時及び休憩時間中にBが受付を訪れるまでの録音記録を残すことを会社または検査役に期待するのは困難であり、録音記録がないことを非難されるいわれはない。

(4)　報告書の早期提出

　本件で総会検査役は、株主総会が開催された7日後の11月5日付けで報告書を裁判所に提出している。検査役報告書が通例では株主総会開催後40日前後で提出されていることからすれば[36]、本件での総会検査役の対応は異例といえる。

　この報告書は「臨時報告書」ともいえる性質のものであり、報告内容をA株主の議決権行使結果の取扱いが棄権から賛成に変更された状況に絞って記載されており、株主総会全体にわたる報告書はその後に改めて提出された模様である。

　この「臨時報告書」の意義は極めて大きく、その4日後の11月9日にOK社がKS社に対して株式交換差止仮処分の申立てをするきっかけとなった。

　株式交換差止の仮処分は、株式交換の効力が発生することによって債権者（仮処分の申立人）は民事保全法上の申立ての利益を失う。当時、KS社は株式交換の効力発生日を12月1日としていたから、株主総会開催日である10月29日から数えても日数は中32日しかない。また仮処分手続では被保全権利及び保全の必要性を書証によって疎明する必要があるから、債権者たるKS社が申立てをするか判断するにあたって、総会検査役作成の「臨時報告書」の存在は疎明資料としての価値が極めて大きい。将来当事者間で紛争になることは自明であり、株式交換・会社分割の効力が生じてからこの事実が明らかになるのでは遅きに失し、大きな混乱を招く。もちろん、どちらかの当事者に有利に働くような報告書の提出の仕方はよくないが、いずれ明らかになるであろう事実を早期に報告するのは公平性の点では問題ない。まさにこの事態においては早期の報告こそが検査役の責務であると考えたのではなかろうか。総会検査役は事態の重要性に鑑みて、報告内容を絞ったうえで、臨時の報告書を早期に提出したものであり、対応として適切であったといえる。

---

[36]　「座談会」25頁。

3-3─Ｎ社の事案──共同議長方式の採用[37]

1　事案の概要

　Ｎ社は東証１部上場会社（当時）であり、議決権を有する総株主数は約4,000名である[38]。例年の定時株主総会で当日出席する株主数は20名程度である。

　Ｎ社の定時株主総会に先立ち、主要株主であるＴ社ほかの株主が共同で、会社提案（第１号議案：取締役７名選任の件）とは別の取締役選任議案を株主提案し[39]、これが第３号議案（取締役７名選任の件）として上程された。両社はそれぞれ５月18日から同月25日にかけて株主総会検査役の選任申立てをし、６月３日に総会検査役が選任された[40]。

　Ｎ社は2021年６月22日に定時株主総会を開催した。第１号議案が可決、第３号議案が否決された[41]。

2　検査役の果たした役割

　６月22日に開催された定時株主総会では、会社（Ｎ社）側と提案株主（Ｔ社）側が事前合意をして、いわゆる「共同議長方式」を採用した。

(1)　株主入場者数の調整
　総会検査役が株主総会に向けて両者と事前打合せを進めたところ、Ｔ社が、議長不信任動議を提出する予定であることを、総会検査役を通じてＮ社に示すに至った。動議提出予定の背景には、Ｎ社がコロナウイルス感染防止策として当日の入場者数を先着50名に限定していた[42]ことから、Ｎ社側株主

37　進士・中江「株主総会検査役選任事案において共同議長方式を採用した事例」金融法務事情2174号（2021年）２頁。
38　2022年６月27日開催定時株主総会時の株主数は3,524名（基準日３月31日）。
39　当社ＩＲ情報（2021年５月14日）。
40　Ｔ社「検査役選任についてのお知らせ」（2021年６月11日）、当社ＩＲ情報（2021年６月15日）。
41　当社臨時報告書（2021年６月24日）。

で議場を占拠されてしまうのではないかというＴ社の不信感があった。

　この点については、総会検査役の仲介により、Ｔ社側株主用の席を一定数確保することにつき、両者が協定書で合意した。

(2)　共同議長方式
ア　導入の経緯

　一般に、上記のように議長不信任動議が可決されて提案株主側の指名する者が議長に就任した場合には、会社側はその後の進行を補佐する責務を負わないと解されている。筆者（進士）が過去に総会検査役を担当した案件でも、提案株主の提出した議長不信任動議の可決を機に会社側（の事務局）が以後進行に協力しないことを宣言し、その後の議案等の採決（票の正確なカウント）が手作業になってしまい、長時間を要したことがある。

　Ｎ社・Ｔ社両者と総会検査役との事前打合せの段階で、Ｎ社は議長交代後も協力するか否かについて明言せず、この点がＴ社の不安材料であった。他方で、Ｔ社は手続的動議をも委任事項に含めて委任状勧誘を行っていたのに対し、Ｎ社は委任状勧誘を行わなかった[43]ことから、議長不信任動議の可決の可能性があることはＮ社の不安材料であったと推測される。また、Ｎ社・Ｔ社共に、相手方陣営が議事進行することへの不信感はあるものの、その不信が払拭されるのであれば、議長権限の掌握には特段固執していなかった[44]。

　以上のような事情や、Ｎ社・Ｔ社の各代理人弁護士が各陣営を十分に把握しており、両者の合意にさえ至れば公正な議事運営を期待できたことから、総会検査役はＮ社・Ｔ社に対し、共同議長方式（その概要はイのとおり）を提案してみることにした。共に概ね同意したので、さらなる協議を経て、共同議長方式採用に係る協定書及び議事シナリオの作成を行った。

　最終的に議事シナリオには、Ｎ社・Ｔ社の各議長予定者（Ｎ社においては代表取締役Ａ。Ｔ社においてはＴ社の取締役であり、Ｎ社の現任の取締役の１人

---

[42]　当社IR情報（2021年6月11日）。
[43]　事前打合せの段階では、委任状勧誘をするか否かについてＮ社は明言を避けていた。
[44]　現に、Ｎ社は共同議長方式を、Ｔ社は監査等委員である取締役を議長に据えることを、一案として提示していた。

図表3-3-1　N社の事案

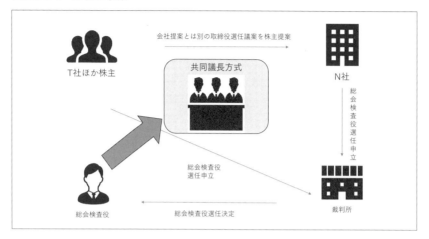

でもあるB）も各自署名した。

　イ　共同議長方式の骨子

---

① 　N社・T社からそれぞれ1名の議長を選任し、事前合意した議事シナリオ
　　に即して、共同して議事を進行する。
② 　議事シナリオ外の事象が発生した場合（修正動議、手続的動議など）には、
　　AB両議長がその場で採用に合意したものに限り採用する。合意しない限り
　　採用されないことになるので、逆に言えば各議長が拒否権を持つことになる。
③ 　AB何れかの議長が議事シナリオに従わずに議事進行したときは、当該議
　　長は議長権限を喪失し、以後は残る議長が単独で議事進行する。

　本定時株主総会では、結果として議事シナリオ外の事象は発生することな
く議事が進行し、滞りなく株主総会が終了した。

　ウ　事前に検討していた事象・問題点

　顕在化はしなかったが、協定書や議事シナリオの作成に当たって発生の可
能性を想定していた事象・問題点について以下言及する。

　⑺　共同議長方式への移行

　共同議長方式を採用する場合でも、株主総会開始当初の議長はN社の定款

に従って定める。したがって、定款の定めによって議長を務めることになったＡが、総会冒頭にて議長就任を宣言した直後に、Ａ自ら共同議長方式へ移行する旨の手続的動議を提出して議場に諮り、議場の過半数の株主の賛同を得ることによって初めて移行が実現する。議場で過半数の賛同を得られる確実な見込みがなければ、共同議長方式を採用することは難しい。

　本件では、Ｎ社・Ｔ社は協定書にてこれに賛同することを合意した。また総会検査役は、議場にて、検査役席を立ってＮ社側株主・Ｔ社側株主がいずれも本動議に賛成の拍手をしていることを確認し、明らかに賛成多数であることを確認した旨を会社側事務局に伝え、議事シナリオ通りの進行を促した。

　　(ｲ)　質疑応答

　質疑応答にあたっては、出席株主の質問権の公平を担保する必要がある。

　本件では、ＡＢ各議長が一問交代で質問者及び回答者を指定することとした。また、①質疑開始から所定の時間が経過した場合には、あと１名の株主をもって質問の受付けを打ち切る、②議長が質問を求めた後10秒以内に挙手する株主がいないときは質問の受付けを打ち切る、とした。

　　(ｳ)　動議への対応

　動議対応については、イに記載したとおり、本件ではＡＢ両議長がその場で採用に合意したものに限り採用することとした。

　ただし、両議長が動議の採用に合意することと、その判断が適法であることは必ずしも一致しない[45]。協定書や議事シナリオの中で予めどのような動議を採用するかまで規定することは難しく、現場で各議長をサポートする事務局が、議長の裁量権について適切なアドバイスをすることが期待される。

　　(ｴ)　デッドロックの防止策

　事前合意した議事シナリオとはいえ、議長がシナリオに従った議事進行をしているかという点について、その解釈・評価で対立するリスクを完全に排除することはできない。

　本件では、議長間の協議では対立を解消できない場合のデッドロックの防

45　例えば、総会提出資料等につき調査者の選任を求める動議（会316条１項）、総会の延期又は続行を求める動議（会317条）、会計監査人の出席を求める動議（会398条２項）、議長不信任動議などは、採否につき議長に裁量権がなく、議場に諮る必要がある。

図表3-3-2　本事案の時系列

年月日	出来事
2021年4月26日	Ｔ社ほか株主より株主提案
2021年5月18日	Ｎ社より、株主総会検査役選任申立て
2021年5月25日	Ｔ社ほか株主より、株主総会検査役選任申立て
2021年6月3日	株主総会検査役選任
2021年6月22日	Ｎ社定時株主総会開催

止策として、総会検査役も協議に加わることを規定した。この点は、総会検査役の当事者化を招きやすいことから躊躇したが、「総会検査役が裁定をするものではない」ことを協定書及び議事シナリオに明記することを条件として受諾した。ただし、本来的に好ましいことではないと思料する。

　本件では採用されなかったが、監査等委員である取締役を裁定者とする案も検討の俎上に載った。共同議長方式を採用するうえで、デッドロック条項の規定方法は最も難しい課題である。

(3)　共同議長方式に関する総会検査役の創造的役割論

　前述したように、総会検査役選任によって違法な決議の防止が期待される一方で、積極的に違法を指摘することや是正する権限を有さないのが、総会検査役の立ち位置である。

　法的判断を表明しえない総会検査役が、かかる調整機能を果たして違法な総会運営を抑止し円滑な議事を促すためには、可能な限り両陣営と事前打合せを行い、論点整理をするのが一般的である。特に、重複する委任状、議決権行使書、電子投票などの、有効無効や優劣の整理は総会検査役に期待される役割である。プロキシーファイトの事案では、株主総会前日までに両陣営及び総会検査役立会いの下で、委任状の有効無効や優劣の判断を済ませることで、当日の受付事務を軽減させ、円滑な総会運営の実現に寄与している。かかる判断を行うのはあくまで会社であり、総会検査役が裁定するものではないが、総会検査役の目があることによって、会社も適法性を意識した処理を行うと期待できる。

　共同議長方式の採用は、総会当日の議事進行に関する総会検査役の調整機能が発現した場面といえる。さらに、議長不信任動議に伴うリスクを回避

し、適正な検査を担保し、違法な決議を防止するのにも資する。

　すなわち、総会検査役にとって、議場で行使された議決権行使数のカウント方法を確認することは、決議方法の検査において最も重要なものである。ところが、議長不信任動議が提出・可決されて議長が交代した後に会社が運営に協力しない場合には、議決権行使数の確認が困難になり[46]、手作業による総会の長時間化につながる。また、両陣営の対立が先鋭化するほど議長の議事進行が強引になりやすいが、総会検査役はその非を鳴らすことはできても、是正したり評価したりする権限を有しない[47]。共同議長方式は、論点整理や事前調整といった総会検査役に与えられた権限の範囲内で、これら議長不信任動議に伴うリスクを回避しうる方策であるといえる。

---

[46]　とりわけ、議決権数のカウントを管理する証券代行会社や当日投票分のカウントを行う総会支援サービスを行う会社の協力が得られない場合、運営に支障が生じる。例えば、議決権の事前行使分の情報が引き継がれないことや、会社の用意した投票用紙（マークシート）のシステムが使えないことが想定される。

[47]　当職が総会検査役として体験した一例を紹介すると、議長不信任動議の可決により就任した提案株主側の議長が、事前行使された特定の株主の議決権行使を無効と宣言して、提案株主側の議案を可決させたことがあった。議長による明らかな越権行為であるが、検査役には介入して抑止するまでの権限はない。議長を解任された後に説明義務を果たすためにひな壇に座っていた代表取締役が、提案株主側議長の議事進行につきその違法を唱えたので、それを検査役調査報告書に記すに止まった。案の定、株主総会終了後、株主総会決議「不存在」確認訴訟が提起された（後に和解的解決によって終了）。

3-4──㈱大戸屋ホールディングスの事案──拍手の有無

1 事案の概要（第1ラウンド）

　外食大手の㈱コロワイドは2019年10月に大戸屋の創業家[48]から株式を買い取って以来大戸屋HDの筆頭株主であり（2020年6月当時の持株比率約19％）、最大で71億円を投じ、TOBを通じて持ち株比率を50％超に高め、連結子会社化することを目指すことを公表した。

　2020年4月15日付け株主提案書によって、コロワイドは大戸屋HDに対し、取締役候補者12名に係る取締役選任議案を提案し、創業者の息子である三森智仁氏や、コロワイドの現経営陣を取締役に加えることを要求した[49]。

　6月25日、大戸屋HDの株主総会が開催されたが、会社提案である第1号議案（取締役　11名選任の件）及び第2号議案（監査役2名選任の件）が可決され、株主提案である第3号議案（取締役12名選任の件）が否決された[50]。株主提案への賛成率は約14％に止まり、結果的に大戸屋HDの現行取締役側の勝利で終わった。その後開かれた取締役会で、窪田健一氏が代表取締役に選任された[51]。

2 株主総会検査役の役割

　ところで、2020年6月25日の定時株主総会では、提案株主であるコロワイド側にミスが生じた。第3号議案（株主提案）に対する賛成率は約14％であったが、コロワイドが株主総会議場で第3号議案に対する賛成の意思を示さなかったことから、本来加えられるべきコロワイドによる議決権行使分が含まれていない。

　すなわち、コロワイドは、本株主総会に先立って、第1号議案「取締役

---

[48]　2015年7月に創業者三森久実氏が死去している。
[49]　当社2020年4月16日適時開示。
[50]　当社2020年6月26日IR資料。
[51]　当社2020年6月26日IR資料。

図表3-4-1　㈱大戸屋ホールディングスの事案

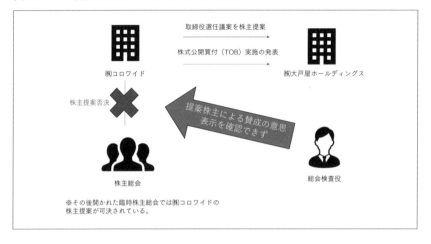

11名選任の件」（会社提案）の11名全員に反対し、第2号議案「監査役2名
選任の件」（会社提案）及び第3号議案「取締役12名選任の件（但し、12名の
うち5名は第1号議案の取締役候補と重複しているため、二重投票を避ける観点
等から、第3号議案では株主提案でのみ提案されている7名のみ賛否の投票可能）」
（株主提案）に賛成するという内容で、書面を通じて議決権行使した。この
ように、株主が議決権を事前に行使した場合であっても、その株主が株主総
会に実際に出席した場合には、出席した時点で事前の議決権行使は無効とな
り、株主総会の議場において議案に対する意思表示をしなければならない。
しかし、本株主総会においては、コロワイド（の職務代行者）が実際に出席
した上、第1～3号のいずれの議案についても賛成の意思表示である拍手を
しなかったことから、株主提案である第3号議案を含むいずれの議案につい
ても賛成として取り扱われなかった。
　この点については、検査役が決定的な役割を果たした。定時株主総会の4
日後に開示された大戸屋HDの6月29日付け適時開示情報によれば、「本株
主総会では、提案株主様の申し立てにより、裁判所により総会検査役（弁護
士）が選任されておりました。本株主総会に同席いただいた当該総会検査役
によれば、議場における目視での確認に加えてビデオ映像による確認も行っ
たが、提案株主様による賛成の意思表示（拍手）は確認できなかったとのこ

図表3-4-2　本事案の時系列

年月日	出来事
2020年4月15日	㈱コロワイドより、㈱大戸屋ホールディングスの取締役選任議案を株主提案。
2020年6月9日	㈱コロワイドが、㈱大戸屋ホールディングスに対して株式公開買付け（TOB）を実施すると発表。
2020年6月25日	定時株主総会開催。

とです。以上を踏まえ、本臨時報告書においては、提案株主様の議決権（13,879個）は、株主提案である第3号議案を含むいずれの議案の『賛成数』、『反対数』及び『棄権数』のいずれにも加算しないこととしております（ただし、『賛成割合』については、提案株主様の議決権数も分母に含めて算出しております。）。なお、仮に、提案株主様の議決権数を第3号議案の賛成数として[52]含めたとしても、過半数の賛成には至らず、可決には至っておりません。」とのことである。

　ちなみに、第3号議案につきコロワイドの議決権を仮に加えたとしても、賛成率は33％程度であった模様である。

3　その後（第2ラウンド）

　2020年7月9日、コロワイドは大戸屋HDに対しTOBを実施すると発表し[53]（その後買付条件を一部変更）、同年9月9日、TOBの成立を表明した。保有比率は約47％となった。

　その上でコロワイドは、9月9日付けで大戸屋HDに対し、臨時株主総会の招集請求（会297条）を行い、同時に第1号議案（取締役11名解任の件）及び第2号議案（取締役7名選任の件）の株主提案をした[54]。

　臨時株主総会は11月4日に開催され、第1号議案及び第2号議案がいずれも可決された。その後開かれた取締役会にて、コロワイド出身の取締役である蔵人賢樹氏が代表取締役に選任された[55]。

52　コロワイド2020年6月30日「お知らせ」。
53　コロワイド2020年7月9日適時開示、当社同日適時開示。
54　コロワイド2020年9月9日適時開示、当社同日適時開示。
55　当社2020年11月4日適時開示。

3-5──S社の事案──付与した議決権の制限

1　事案の概要

　S社は、テーマパーク等を経営する株式会社である。

　株主Aは2014年（平成26年）4月24日付けで取締役6名選任の件と題する株主提案をしたが、会社は株主Aが個別株主通知を行わなかったとして、上記株主提案を認めなかった（社債株式振替154条2項及び3項）。

　会社は6月3日に開催した臨時取締役会にて6月26日の定時株主総会の招集を決議した。株主総会に付議した議案は、会社提案の「取締役5名選任の件」のみである（第1号議案）[56]。

　会社はさらに、6月20日に開催した臨時取締役会にて、基準日（2014年3月31日）後の株主であるBおよびCに対し、会社法124条4項に基づく議決権付与を行う旨の決議をした[57]。

　株主Dは6月9日に株主総会検査役の選任申立てをし、6月18日に総会検査役が選任された[58]。

　会社は6月11日、東京地方裁判所に対し、株主D及びEを債務者とする議決権行使禁止の仮処分を申し立てたが[59]、裁判所は6月25日、却下決定を下した[60]。

　6月26日に定時株主総会が開催された。①株主Fが提案した議長不信任動議が約78％の賛成多数で可決されて株主Gが新たに議長に就き、さらに、②株主Hが第1号議案につき修正動議を提出した（修正議案は、会社提案とは異なる取締役候補者5名に係る取締役5名選任の件）。両議案とも否決された旨宣言し、議長は本総会を終了した[61]。

56　当社2014年6月3日 IR News。
57　当社2014年6月20日 IR News。
58　当社2014年6月18日 IR News。
59　当社2014年6月11日 IR News。
60　当社2014年6月25日 IR News、東京地決平成26年6月25日 westlaw Japan 議決権行使禁止仮処分命令申立事件（却下決定）。
61　当社2014年6月26日 IR News。

図表3-5-1　S社の事案

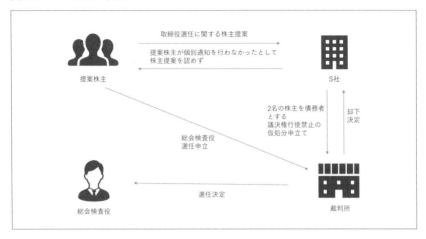

2　株主総会検査役の役割

⑴　当日の議事進行について事前確認

　検査役が申立人株主（株主D）及び会社から事前に事情を聴取した結果、株主総会当日に株主側が議長不信任動議及び議案修正動議を提出する可能性が高く、そのことを双方十分に認識していることから、双方の意見を聞きながら、株主総会前に、同総会の議事進行にあたって、以下の事項を紳士協定的に確認した。

> ア　株主総会の冒頭で、会社の選任する議長が事業報告を行い、その間に当日出席株主が行使する議決権の集計を、議決権行使書ベースで行う。仮に申立人株主側が議長不信任動議を提出するとしても、事業報告の後に行うようにし、事業報告が無事に終わるよう申立人株主側が協力する。
> イ　議事進行にかかる手続的動議（議長不信任動議も含む）が提出された場合、その採決は、議決権を有する株主の挙手によって行い、投票用紙を用いての投票による採決は行わない。但し、後日、検査役報告書に正確な議決権行使結果を記載できるようにするために、挙手した株主の株主番号を

控え、正確な賛否を確認する。

ウ　議案修正動議が提出された場合には、本来であれば原案先議（会社側議長が議事進行をしている場合）、又は修正動議の先議（株主側議長が議事進行をしている場合）をして、それが可決されれば他方が否決されたことを議長が宣言すれば足りるはずである。しかし本件では、原案と修正動議を2案とも別個に採決し、どちらが可決されどちらが否決されたかを明確にする。

エ　投票用紙は会社が用意し、議案修正動議の採決の際にも使用する。取締役選任議案において、各取締役を個別に選任するために個別に採決することになった場合でも（但し、理論上は最大10回もの採決を要することになるので、可能な限り個別の採決は避ける。）、議決権者たる株主に1枚綴りの上記投票用紙を一つの投票箱に入れてもらうようにする。

オ　出席株主の入退室管理を徹底する。採決時に議長は議場閉鎖すると共に、会社は受付に人員を配置し、株主が議場から退場する際（手洗い・喫煙などの小休止は含まず、以後議決権を行使する意思がない場合を指す。）には、株主入場時に交付した株主入場票を必ず返却してもらい、退出時刻を記録する。

カ　仮に、議長不信任動議が可決され新たな議長が選任されたとしても、会社は、新たな議長の指示に従って証券代行会社に指示をするなどして、採決に協力する。

(2)　特定の株主の議決権行使書を議決権に加えない旨の動議

①株主Fが提出した議長不信任動議が可決され、②株主Hが第1号議案の修正動議を提出した後、さらに、③議長を務める株主Gが、株主B（基準日後株主の一人）の議決権行使書を議決権に加えないことの動議を提出した。動議の提出理由は、株主Bに対する招集通知及び議決権行使書の受渡方法について、違法性があるとのことであった。

採決は、挙手による方法で行われ、約78％の賛成を得て可決された。しかし動議の採決をするに当たり、交替前の議長であった会社代表取締役社長（株主でもある）が、概要「議長が株主の議決権行使を制限できるのは、議場

図表3-5-2　本事案の時系列

年月日	出来事
2014年4月24日	取締役選任に関する株主提案（S社は、提案株主が個別株主通知を行わなかったとして同株主提案を認めず）。
2014年6月3日	S社臨時取締役会開催。同取締役会で、2014年6月26日定時株主総会開催を決議。
2014年6月9日	S社株主より、株主総会検査役選任申立て。
2014年6月11日	S社より、株主総会検査役選任を申し立てた株主を含む2名の株主を債務者とする議決権行使禁止の仮処分を申し立てる（6月25日却下決定）。
2014年6月18日	株主総会検査役選任。
2014年6月20日	S社臨時取締役会開催。基準日後株主2名に対し、会社法124条4項に基づく議決権付与を行う旨決議。
2014年6月26日	定時株主総会開催。

内の秩序を乱した場合等に限られる。議決権行使禁止の仮処分等の法的手続を行わずに、動議に対する採決等をもって株主の議決権を制限することは許されない。」との意見を述べた[62]。

　上記③の動議は、前記(1)の事前確認においてまったく予想されていなかったものである。検査役には、当該動議について検査役なりの考えもあったであろうが、議事の進行を妨げることのないよう謙抑的な態度をとり、動議の状況、交替前議長の発言、動議の採決の結果を検査役報告書に記録するに止めた。また、③の動議の適否について検査役報告書にて評価を加えることもなかった[63]。

3-6──コスモエネルギーホールディングス㈱の事案──会社・株主双 方による選任申立て

1　事案の概要

⑴　問題の発生

　コスモエネルギーホールディングス㈱（CEHD 社）は、コスモ石油㈱など の事業会社を子会社に持つ持株会社であり、監査等委員会設置会社である。

　2022年 4 月 5 日、㈱シティインデックスイレブンス（シティ社）が CEHD 社株券に係る大量保有報告書を提出した後、CEHD 社とシティ社ら[64]は随時 の面談を続けた（同年11月15日時点におけるシティ社らの CEHD 社株券等保有 割合は19.81％であった。）。これら面談において、CEHD 社はシティ社らが 20％以上の株式買増しを控えるよう要請し、シティ社らは当初これに応じ ていたが、シティ社らは同年11月から12月にかけて、30％の株式を保有す ることを希望する旨、そうしない場合には社外役員の派遣を希望する旨、 2023年 1 月 6 日までに CEHD 社にて自社株買いを決定するよう要請する旨 を表明した。

　2023年 1 月 6 日、CEHD 社が自社株買いの決定をしなかったことを理由 に、シティ社らが20％以上への買い増しの意向を示すと、CEHD 社はシティ 社らが20％以上の株式買付行為を行う蓋然性が相応に高いと判断し、 1 月 11日、取締役会にて基本方針（施規118条 3 号）を決定し、同基本方針に照ら して不適切な者によって同社の財務及び事業の方針の決定が支配されること を防止するための取組（同号ロ⑵）として、大規模買付行為等に関する対応 方針（本件買収防衛策）の導入を決議した。併せて独立委員会を設置し、委 員として独立社外取締役 4 名を選任した。

　シティ社は CEHD 社に対し、 4 月19日付け書面にて、監査等委員でない 取締役 1 名を選任する旨の株主提案を行った（ 6 月22日定時株主総会における 第 6 号議案）[65]。 5 月23日、CEHD 社は同株主提案に対して反対意見を表明

64　シティ社並びにその共同保有者である野村絢氏、㈱レノ及び㈱南青山不動産を指す。

した[66]。

5月11日、CEHD 社取締役会は、6月22日開催予定の定時株主総会に上程する議案として、監査等委員でない取締役6名及び監査等委員である取締役2名に係る取締役選任議案を決議した（定時株主総会における第2号及び3号議案）[67]。

また5月23日、CEHD 社取締役会は、本件買収防衛策に基づき、シティ社らが急速な大規模買付行為等に着手したと認められることを条件として、対抗措置を発動することの是非を株主に諮る議案を定時株主総会に上程することを決議した（定時株主総会における第5号議案）[68]。この議案は、シティ社ら及び CEHD 社並びにそれぞれに関係する者（「利害関係者」）を除く出席株主の過半数の賛同で賛否を決める、いわゆるマジョリティ・オブ・マイノリティ（MoM）方式を採用している[69]。

また、CEHD 社は5月18日付けで株主総会検査役の選任申立てをし（シティ社も同申立てをした。）、6月7日、東京地方裁判所にて総会検査役が選任された[70]。

(2) 株主総会

CEHD 社は、2023年6月22日に定時株主総会を開催した。この結果、第1～5号議案（会社提案）は全て可決[71]、第6号議案（株主提案）は否決された。第5号議案が可決された結果、本件買収防衛策は、適用対象をシティ社らによる大規模買付行為等に限定した形で、本定時株主総会で承認された対抗措置の発動等に必要な範囲に限定して（最長でも2024年開催予定の定時株主総会後最初に開催される同社取締役会の終結時を限度として）、継続されること

65　当社プレスリリース（2023年4月20日付）。
66　当社プレスリリース（2023年5月23日付）。
67　当社プレスリリース（2023年5月23日付）。
68　当社プレスリリース（2023年5月23日付）。
69　MoM 決議（対抗措置の発動についての株主総会決議において、買収者、対象会社取締役及びこれらの関係者の議決権を除外した議決権の過半数による株主総会決議を許容した事例として、東京高決令和3年11月9日金判1641号10頁及びその許可抗告・特別抗告審である最決令和3年11月18日（東京機械製作所事件）。
70　当社プレスリリース（2023年6月7日付）。
71　第5号議案は、シティ社らを除く「一般株主」の59.54％の賛成により可決された（23年6月22日付当社プレスリリース）。

になった[72]。

　第5号関連では、CEHD社は同総会の質疑応答において、MoM決議は株主平等の原則に反するのではないかという質問を受けたのに対し、「大規模買付行為者から企業価値をどう高めるか具体的に示されない中で株を買い進められると一般の株主が不利益となる。一般株主の意思を確認する」旨の説明をした。他方、シティ社は同日、第5号議案の可決につき、株主総会で選ばれた経営陣が自分たちの気に入らない株主の議決権行使を認めないのは、到底許されるものではないと指摘し、経済産業省の「公正な買収の在り方に関する研究会」の指針案[73]に、MoM決議は非常に例外的かつ限定的な場合に限られることに留意しなければならないと書かれている点[74]にも触れて、正当性を欠いた無効の決議であるとの考えを示した[75]。

(3)　その後

　2023年7月27日付けで、シティ社ら（正確には㈱南青山不動産及び野村絢氏。以下同じ）がCEHD社に大規模買付行為等趣旨説明書を提出したが[76]、8月3日、CEHD社は同人らに宛てて、同社取締役会及び株主が大規模買付行為等の内容を検討するために必要と考えられる情報の提供を要請する「本情報リスト」を交付した[77]。その後、シティ社らが回答し、CEHD社が必要な追加情報の提供を要請するということが続いた。

　CEHD社は並行して、本件買収防衛策に基づく株主意思確認総会（臨時株主総会）の開催の可能性に備えて、9月26日、基準日を10月12日に設定したことを公表し[78]、また10月24日、同日開催の取締役会にて、12月14日に臨時

---

[72]　当社プレスリリース（2023年6月22日付）。

[73]　2023年3月28日に経済産業省が公表した「買収提案に関する当事者の行動の在り方等に関する指針の原案」（指針原案）を指していると思われる。なお、経済産業省は、同年8月31日付けで「企業買収における行動指針──企業価値の向上と株主利益の確保に向けて」（2023年行動指針）を公表している。

[74]　指針原案45頁、2023年行動指針45頁参照。

[75]　2023年6月22日ロイター電「コスモHD総会、異例採決で買収防衛策可決　村上氏側「無効の決議」」

[76]　当社プレスリリース（2023年7月28日）。

[77]　当社プレスリリース（2023年8月3日）。

[78]　当社プレスリリース（2023年9月26日）。

株主総会の開催すること及び付議議案（大規模買付行為等への対応方針に基づく対抗措置発動に係る新株予約権の無償割当ての件）を決議し、公表した[79]。

また、CEHD 社は10月30日付けで株主総会検査役の選任申立てをし（シティ社も同申立てをした。）、11月20日、東京地方裁判所にて総会検査役が選任された[80]。

12月1日、シティ社らは7月27日付け大規模買付行為等趣旨説明書を取り下げる旨を CEHD 社に通知した[81]。CEHD 社はこれを受けて12月4日、臨時株主総会の開催を中止すると発表した[82]。なお、シティ社らはその保有する CEHD 社株式を岩谷産業㈱に売却した模様である[83]。

2　検査役の果たした役割

本件では、2023年6月の定時株主総会、同年12月の臨時株主総会（ただし上述のとおり開催されなかった）共に、会社と株主の両者が、総会検査役の選任を裁判所に対して申し立てている。

本件は、監査等委員でない取締役選任議案（第2、6号議案。第6号議案は株主提案）を中心として会社と株主、すなわち CEHD 社とシティ社らの間の対立が激しかった。

さらに、第5号議案に関しては、本件買収防衛策の導入に係る株主意思の確認につき、利害関係者を除いた一般株主を対象として可決を問う MoM 決議の方式を CEHD 社が採用したことにより、導入そのもの及び可決要件の当否が議論になったことから、利害関係人のみならず一般株主を巻き込んで議論になり、話題になった。現に第5号議案は、一般株主の6割弱が賛成し4割強が反対するという拮抗した結果になった。

このように激しい対立のある株主総会では、総会の後に採決の結果やその方法の適法性が問題になる可能性が相応にあり、仮に問題になるとしても総

79　当社プレスリリース（2023年10月24日）。
80　当社プレスリリース（2023年11月20日）。
81　当社プレスリリース（2023年12月1日）。
82　当社プレスリリース（2023年12月4日）。
83　当社プレスリリース（2023年12月4日）。

会で生じた事実を正確に記録に残しておく価値は、会社側・株主側のいずれ
もが認めるところである。そこで、本件のように会社と株主の両者が総会検
査役選任申立てをすることが多いといえよう。

　また、敵対的買収防衛策の導入を巡る事案では、導入時点、発動時点等株
主意思の確認を要する株主総会は複数にわたり、さらに複数年の株主総会に
わたって紛争が続くこともあるので、その都度総会検査役が選任されること
が多い。前回総会で選任された検査役が、同検査役の日程が合う限り、その
後の総会で選任されることも多いだろう。

　もちろん、総会検査役の権限は限られているので、検査役は、MoM方式
の当否そのものの論争に首を突っ込むことはできないし、またその論争に巻
き込まれないよう注意する必要がある。

3-7―その他の総会検査役関連事案

　Westlaw Japan で「総会検査役」フリーワードで検索したところ、26件ヒットした（2024年1月15日現在）。このうちいくつかを以下に検討してみる。

1　東京地決令和3年2月17日金判1616号16頁　違法行為差止仮処分命令申立事件

⑴　事　案

　監査役設置会社であるA株式会社の株式を6か月前から引き続き有する株主であるX（債権者）が、A社の令和3年2月24日開催予定の臨時株主総会において、A社の取締役兼代表取締役であるY₁または取締役であるY₂ら（債務者）が議長となった場合に、取締役の善管注意義務違反の法令違反をするおそれがある旨主張して、会社法360条1項に基づく違法行為差止請求権を被保全権利として、Yらが臨時株主総会の議長を務めること又は同臨時株主総会において議長として権限を行使することを仮に差し止める仮処分命令を求めた事案である。

　同臨時株主総会については、Xが東京地裁に総会検査役の選任申立てをし、裁判所は令和3年2月9日に総会検査役を選任している。

⑵　総会検査役が選任されていることの効果

　本件仮処分事件では、A社に回復することができない損害が生じるおそれがあるかという要件（会社法360条3項、1項）の検討につき、「本件臨時株主総会については、……総会検査役が選任されており、総会当日の客観的な議決権行使状況や具体的な議長の総会の議事進行の状況について事後的に明らかになると考えられるところ、本件議題には、Yらを取締役から解任する旨の議案が含まれており、Xの主張のとおり、Yらにおいて本件臨時株主総会の議長として権限を逸脱濫用し、本来可決するはずであった本件議題に係る各議案が否決されるに至った場合には、これを理由として取締役解任の訴え（会社法854条1項）を提起することなどにより、Xの主張するガバナンス

の歪み等を是正する余地もある」として、同要件の疎明を否定し却下決定を下した。

　要するに保全裁判所は、総会検査役が選任されているので、事前に取締役Ｙらの行為を差し止めなくとも、事後的な是正措置で足りると判断したものである。

2　さいたま地決令和2年10月29日金判1607号45頁（参考収録）株主総会開催禁止仮処分命令申立事件[84]

(1)　事　案
　Ａ社の監査役であるＸ（債権者）が、裁判所の招集許可決定に基づいてＡ社株主Ｙ（債務者）が招集した臨時株主総会の開催には違法があるなどと主張して、招集株主Ｙに対する違法行為差止請求権（会385条類推適用）を本案として、臨時株主総会の開催を禁止する仮処分命令を求めた事案である。

　同臨時株主総会については、Ａ社が令和2年9月10日に、Ａ社取締役が10月9日に、さいたま地裁に総会検査役の選任を求める申立てをし、裁判所は10月13日、総会検査役としてＢ弁護士らを選任している。

(2)　総会検査役の調査権限に対する総会開催者側の協力義務
　本件でＸは、臨時株主総会の招集通知は令和2年10月17日付けで発送されたにもかかわらず、総会検査役が10月15日にＡ社代理人弁護士に臨時株主総会の日時・場所等を問い合わせた際、同弁護士は10月16日までには決まる予定である旨回答し、その後同日午後7時頃までにこれらの回答をしなかったが、これは、Ａ社代理人が意図的に総会検査役に対して事実と異なる回答をしたもので、会社法306条5項による総会検査役の調査権限に基づくＹの協力義務に違反する法令違反があると主張した。

　保全裁判所は、Ｙ代理人による不回答の事実を一応認めつつも、招集通知は10月19日頃以降株主に到達し、その頃には総会検査役も招集通知が発送

84　これの抗告審である東京高決令和2年11月2日金判1607号38頁（株主総会開催禁止仮処分命令申立却下決定に対する抗告事件）も同旨の判断をし、Ｘの抗告を棄却した。

されたことや株主総会の日時等を知ったことが伺われ、その時点から本件臨時株主総会までには2週間（法299条1項）以上の期間があり、また招集通知の発送の有無や内容に関する調査については事後的に客観的な資料に基づいて実施することが可能であり、これらの点を勘案すれば、A社代理人弁護士の返答は、総会検査役による上記の調査を実質的に妨げることになるような態様のものとまでは評価できず、法令違反はないとして、却下決定を下した。

3　東京地判平成29年3月17日 westlaw Japan　株主名簿閲覧謄写請求事件[85]

(1)　事　案

X（原告）が、Y社（被告）の株主であると主張して、Y社に対し、会社法125条2項に基づき臨時株主総会に係る株主名簿の閲覧及び謄写を請求した事案である。

Y社は、平成28年7月4日開催の臨時株主総会にて、普通株式及びA種種類株式につき125万株を1株に併合する旨の株式併合議案を可決した（効力発生日は7月26日）。そこでY社は、Xの上記請求に対し、Xは効力発生日の前日の時点において125万株未満のY社普通株式しか有していないのだから、Y社に対して株主権を行使できず、株主名簿閲覧謄写請求はできないとしてXの請求を拒んだ。

Xは、①臨時株主総会等の招集手続に著しい瑕疵がある、②平成28年6月29日に開催された定時株主総会の招集手続には著しい瑕疵があり、そこでなされたBを取締役に選任する旨等の決議は不存在であるから、Bが臨時株主総会等において議長を務めることはできない、などを理由として、臨時株主総会等においてされた株式併合に係る議案を承認する旨等の各決議はいずれも不存在であるなどと主張した。

しかし、受訴裁判所はこれらの主張を排斥したほか、仮にXが債権者（上

---

[85]　これの控訴審である東京高判平成29年9月28日 westlaw japan（株主名簿閲覧謄写請求控訴事件）も、同旨判断をしてXの控訴を棄却した。

記株式併合における反対株主としての株式買取請求に係る、株式代金等の支払請求権を有する債権者）として本件の閲覧謄写請求をしているとしても、その権利の確保又は行使に関する調査以外の目的で行ったものと認められるから、その請求を拒むことが可能である（会125条3項1号）などとして、請求を棄却した。

(2)　総会検査役の選任及び報告書の記載が、事実認定に与える影響

ところで、Xは本件訴訟において、Y社が本件定時株主総会及び本件臨時株主総会等の各招集通知を発送していないと主張したが、受訴裁判所は、Y社が各招集通知を発したと認められるとした。

すなわち、①平成26年7月4日開催のY社臨時株主総会について、Q弁護士が総会検査役に選任されたこと、②同検査役は、発送した上記臨時株主総会の招集通知がY社に返送されてきた場合にその日時、株主名及び住所を記載した書面を作成したこと、③定時株主総会及び臨時株主総会等についてもQ弁護士が株主総会検査役に選任されたこと、④同検査役作成に係る総会検査役報告書には上記と同様の記載はないことが認められるが、これらの事実は上記認定を覆すに足りないとした。

4　新潟地新発田支判平成28年12月2日 westlaw Japan　株主権確認等請求事件

砂利・砂洗浄プラントに関する事業を営む株式会社であるY社（被告）の代表取締役となり、その後Y社解散によって代表清算人に選任されたX（原告）が、Y社に対し、①Y社の代表取締役であったBからY社株式の贈与を受けたとして、XがY社の発行済株式のうち普通株式700株を有する株主であることの確認を求めるとともに、②裁判所の許可を得て平成26年3月22日に開催されたとされるY社臨時株主総会における、Xを清算人から解任し、Bの父でありかつてY社の代表取締役であったAを清算人に選任する旨の本件各決議はいずれも存在しないとして、本件各決議の不存在確認を求めた事案である。

Xは決議不存在の理由の1つとして、「臨時株主総会において総会検査役

も選任されていないことが証するとおり、長年にわたりＹ社の事実上の主宰
者として君臨してきたＡが、勝手に株主総会が開催されたような議事録を作
成したものである」という趣旨の主張をした。しかし裁判所は、株主総会の
開催に総会検査役の選任を要するものではないから、総会検査役不選任の事
実が株主総会の不開催や本件各決議の不存在を推認するものとは認められな
いなどとして、Ｘの主張を斥けた。

5　東京高判平成27年 3 月12日金判1469号58頁・資料版商事法務 374号105頁　各株主総会決議取消請求控訴事件（アムスク株主総会決議取消請求事件控訴審判決）

　平成25年 6 月28日に開催されたＹ社（被告会社）の定時株主総会における
①Ｂを取締役に選任する決議、②剰余金処分の件（上場廃止に伴う特別配当
金）を可決する旨の決議、③ＡＢＣを取締役に、ＤＥを監査役に、それぞれ
選任する旨の決議、④全部取得条項付種類株式制度を利用したスクイズアウ
トの件を可決する旨の決議、⑤同日開催の種類株主総会における全部取得条
項付種類株式制度を利用したスクイズアウトの件（全部取得条項の付加に係る
定款一部変更）を可決する旨の決議について、Ｘ₃が①④⑤の各決議の取消し
を求め（第 1 事件）、Ｘ₁・Ｘ₂が、主位的に②〜⑤の各決議の取消しを求め、
予備的に同各決議の不存在又は無効の確認を求めた（第 2 事件）事案である。
　受訴裁判所である東京地裁（原審）は、第 1 、第 2 事件のＸらの請求のう
ち⑤の決議の取消しを求める部分を認容して、その余の決議に係る主位的請
求及び予備的請求をいずれも棄却した。Ｙ社控訴による控訴審（当審）も、
原審の判断を是とし控訴を棄却した。
　本件では平成26年 7 月 4 日、Ｙ社は臨時株主総会及び種類株主総会を開
催している。Ｘ₁〜Ｘ₃ほか 1 名は、東京地裁に対し総会検査役の選任を申し
立て、平成26年 6 月30日、検査役が選任された。
　原審及び当審は、株主総会議事録及び総会検査役報告書に則して事実認定
をしていると見られ、同報告書の有用性が認められる。

6　東京地判平成22年7月29日資料版商事法務317号191頁　株主総会決議取消等請求事件

(1)　事　案

　Y社の株主であるXが、Y社の平成21年10月28日開催の定時株主総会における第4号議案「取締役6名選任の件」に関して、①株主の代理人であるP₂弁護士らの出席を拒絶したこと、②Xが提出した委任状の一部を無効であるとしてその議決権の個数を出席議決権数に含めなかったこと、③議長不信任の動議を採り上げなかったことは、いずれも違法であり、決議の方法が法令に違反し又は著しく不公正なときに該当すると主張して、Y社に対し、会社法831条1項1号に基づき、上記議案につき行われた「B～G6名を取締役に選任する。」旨の決議の取消しを求めた事案である。BはY社の代表者である。

　Xは、平成21年10月8日、東京地裁に総会検査役の選任を申し立て、検査役が選任された。

　受訴裁判所は、Y社の株式取扱規程では、株主が請求その他の株主権行使をする場合、本人が行ったことを証する証明資料等を添付し又は提供するものとしていることから、議決権行使書用紙又はこれに匹敵する代理権授与の証明資料を欠くことを理由に、Y社が委任状を無効としたことを違法とはいえないとした。

　他方で、同規程では、株主が代理人によって議決権の行使をする場合には、署名又は記名押印した委任状を添付する旨を定めるにとどまっていることから、署名があるものの押印を欠くことを理由にY社が委任状を無効としたことを違法と判断し、しかしこのことは重大な瑕疵ではなく決議に影響を及ぼすものではないとして裁量棄却した（会831条2項）。

　本件では、受訴裁判所は総会検査役報告書に即して事実認定をしていると見られ、同報告書の有用性が認められる。

(2) 株主代理人弁護士出席に対する会社側の拒絶の違法性と、株主総会検査役選任との関係性

ところで本件でXは、①Y社定款26条は、議決権行使の代理人資格を株主に限定しているところ、上記規定は、株主総会が株主以外の第三者によってかく乱されることを防止し、会社の利益を保護する趣旨に出たものというべきであるから、株主総会をかく乱するおそれのない弁護士が代理人として出席を求めた場合には、これを拒絶することは許されない、②本件株主総会には、総会検査役が立ち会っており、（Xの代理人である）P₂弁護士らは、本件株主総会をかく乱しない旨の誓約書を提出したうえで出席を求めたのであるから、本件株主総会がかく乱されるおそれがないことは明らかであった、故に、Y社がP₂弁護士らによる本件株主総会への出席を拒絶したことは、議決権の代理行使を認めた会社法310条1項に違反するとし、これを決議取消原因の1つ（決議の方法が法令に違反する）として主張している。

しかし裁判所は、会社法310条1項は、株主に対して代理人を通じて株主総会に参加する途を保障することによって、その議決権行使を容易にする趣旨に出た規定であると解すべきところ、……Y社は、株主ではないP₂弁護士らの出席を拒否する旨回答する一方、Xについては、X代表者が出席することを、Xの関連会社については、従業員が株主の代理人として出席することを認め、現に、X代表者及びXの関連会社の従業員が、本件株主総会に出席して議決権を行使したというのであるから、P₂弁護士らが本件株主総会に出席することができなかったからといって、Xをはじめとする株主の議決権行使が妨げられたわけではないことは明らかであり、このことをもって会社法310条1項に違反する取扱いであるということはできないとして、かかるX主張を排斥している。

株主代理人弁護士出席に対する会社側の拒絶の可否（違法性の有無）の問題については、近時、公開会社でない株式会社が、定款で議決権行使の代理人資格を株主に限る旨を定めた場合において、その定款の定めを理由に、株主から委任を受けた代理人弁護士（同社の株主ではない。）による議決権の代理行使を拒否したことにつき、これが決議方法の法令違反に該当するとして決議取消事由になると判示した事案が公刊され、話題になった（東京地判令和3年11月25日株主総会決議取消請求事件判タ1503号196頁）。

　同旨判断を下した裁判例で公刊されているものは、神戸地尼崎支判平成12年3月28日損害賠償請求事件判タ1028号288頁[86]、札幌地判平成31年1月31日株主総会決議取消請求事件金判1598号36頁、その控訴審判決である札幌高判令和元年7月12日株主総会決議取消請求控訴事件金判1598号30頁（最決令和元年11月7日令和元年㈹）第1673号により上告不受理）に限られる。逆に言えば、これらの裁判例を除けば、会社は定款の定めを理由に株主代理人弁護士出席を拒絶できるとするのが裁判例の大勢であり、株主総会の実務もこの考え方に沿っている。

　上記各裁判例はいずれも、判示認定事実を見る限り株主総会検査役選任事案ではないことから、株主総会検査役が選任されていることが決議取消事由の有無の判断に影響を及ぼすか否かの参考事例にはならない。しかし、たとえば上記令和元年札幌高判が、会社の代表者は「議決権行使の重要性に鑑みると、本件のように代理人が弁護士である等株主以外の第三者により攪乱されるおそれが全くないような場合であって、株主総会入場の際にそれが容易に判断できるときであれば、株式会社の負担も大きくなく、株主ではない代理人による議決権行使を許さない理由はない」と判示していることからすれば、株主総会検査役が選任されている株主総会においては、検査役の立会いによって議事が攪乱されるおそれが相対的に低下することが期待されるので、株主代理人弁護士の出席・議決権行使を会社は拒絶しにくくなる（拒絶した場合に決議取消事由が認められる可能性が高まる）とも予想される。

7　札幌地判平成20年11月11日金判1307号44頁　新株発行差止等仮処分命令申立事件〔オープンループ事件〕

　Ｙ社（㈱オープンループ）の株主であるＸら（㈱クオンツ・キャピタルほか）が、平成20年10月27日開催のＹ社取締役会における募集事項決定に係るＹ社による新株及び新株予約権（併せて「本件新株等」という）の発行について、①著しく不公正な方法による発行であること、②払込金額が本件新株等を引き受ける者に特に有利な金額での発行であるのに株主総会の決議を経ていな

いため法令に違反することを理由として、本件新株等の発行の仮差止めを申し立てた事案である。

保全裁判所は、①本件新株等の発行がY社の現経営者の支配権を維持することを主要な目的とするものであったとまでは認めることができないなどとして本件新株等の発行が不公正発行に当たるとは認めることができないとするとともに、②Y社は合理的な根拠に基づいて本件新株等の払込金額を決定したと認められ、「特に有利な金額」に当たらない、として申立てを却下した。

本件においては、本件新株等の発行に先立つ平成20年9月11日、9月19日開催予定のX社株主総会において、3名の取締役解任が議案として予定されており、しかもX社では会社経営を巡って取締役間で対立が続いていることから、同総会の招集手続及び決議方法につき公正な総会運営がされないおそれがあるとして、Y社が総会検査役の選任を東京地方裁判所に申し立てた。しかし同裁判所は、平成20年9月16日、X社らがY社の総株主の4分の1以上の議決権に当たる株式を保有していることから、<u>Y社がX社の株主総会で議決権を行使できないことを理由に（会308条1項括弧書き）</u>、同申立てを却下している。

8 東京地判平成20年10月31日 westlaw Japan 損害賠償請求事件・共同訴訟参加事件〔シーテック社株主代表訴訟事件〕

ナノテク・バイオベンチャー企業であるA社（㈱シーテック）の株主であるX及び共同訴訟参加人ら（以下「Xら」という）が、A社が平成15年2月7日から平成16年12月22日まで3回にわたって発行した新株予約権につき、その後予約権が行使されて新株が発行されたのに、A社の取締役であるYらが、平成18年2月25日に開催された取締役会において、すでにされた新株予約権の行使が行使条件に違反するものであったとしてこれを取り消す旨の決議を行い、払込金合計4,100万円を返還する等の違法な手続を行ってA社の資本及び資本準備金を減少させ、また発行済株式総数を減少させたことは、取締役としての善管注意義務及び忠実義務に違反すると主張し、Yらに対し、会社法整備法（平成17年法律第87号）78条及び同法による改正前の商

法266条1項5号、2項に基づき、A社に損害賠償4,100万円及び遅延損害金
を支払うよう求めた、株主代表訴訟の事案である。

　受訴裁判所は、本件請求を棄却した。

　本件では、平成18年9月1日に開催されたA社の臨時株主総会（議案は、
営業譲渡に関するものであり、特別決議である。旧商法245条、343条）につき、
Xの申立てにより、総会検査役が選任されている。

9　東京高決平成20年6月12日金判1295号12頁　株主名簿閲覧謄写仮処分命令申立却下決定に対する抗告事件〔日本ハウズイング株主名簿閲覧謄写請求事件・抗告審決定〕

(1)　事案及び結果

　Y社（日本ハウズイング㈱。当審の相手方・原審の債務者）の株主であるX
（㈱原弘産。当審の抗告人・原審の債権者）が、平成20年6月27日開催のY社
第44期定時株主総会（本件定時株主総会）においてXが行う株主提案につい
ての委任状勧誘を行うために株主名簿の閲覧謄写の請求をし、Y社はXが会
社法125条3項3号に該当することを理由に拒絶したため、Xが株主名簿の
閲覧謄写の仮処分を申し立てた。原決定はこの申立てを却下した（東京地決
平成20年5月15日金判1295号36頁、資料版商事法務292号91頁）。これを不服と
したXが抗告申立てをしたのが本件である。

　抗告審は、XとY社は実質的に競争関係にある事業を営む者であるが、X
が株主として、専らその権利の確保又は行使に関する調査の目的で本件株主
名簿の閲覧及び謄写の請求を行ったものであると一応認めることができ、Y
社はXの請求を拒むことはできないなどとして原決定を取り消し、申立てを
認容した。

　この件では、Y社が平成20年4月24日、東京地方裁判所に対し本件定時
株主総会につき総会検査役の選任の申立てをし、総会検査役（弁護士）が選
任されている。

(2)　総会検査役との打合会の状況

　ところでこの案件の原審は、株主名簿閲覧謄写を求める仮処分命令申立事

件であるところ、抗告審は、被保全権利の存在を判断するための１つの事情として、後記の「総会検査役との打合せの状況」を挙げている。

　また抗告審は、保全の必要性につき主に、①Ｙ社はＸに対し、平成20年５月28日、ＸがＹ社の全株主に対して送付を希望する資料をＹ社に届ければ、Ｙ社が株主名簿に記載されたＹ社の全株主に対して送付するとの提案をしたこと、②しかし、上記措置は資料送付という方法に限られている上、回数も２回だけであり、Ｘが株主に対して委任状勧誘を働きかける方法としては制約されたものにとどまることなどの事情が一応認められ、これによれば、Ｘに生ずる著しい損害を避けるため「申立てに係る仮処分命令を必要とするとき」（民事執行法23条２項）に当たると一応認めることができるとした。

　同審は、上記①②のほかに、③Ｙ社が平成20年６月３日に総会検査役との打合せを行い、この打合会にはＸ代理人弁護士も出席したこと、④その席上、Ｙ社から、６月６日に発送予定のものであるとして、本件定時総会の招集通知のドラフトが提示されたこと、⑤このドラフトにはＸによる株主提案のうち、定款の一部変更（買収防衛策に係る規定の新設）の件及び買収防衛策導入の件はＹ社もこれを受け入れてＹ社提案（第３号議案及び第４号議案）として上程する旨、買収防衛策に基づくＸらに対する対抗措置の不発動の件は株主提案（第６号議案）として上程する旨、Ｙ社は、この第６号議案に対抗するものとして、買収防衛策に基づくＸグループに対する対抗措置の発動を取締役会に委任する件（第５号議案）を上程する旨それぞれ記載され、取締役２名選任の件も株主提案（第７号議案）として上程する旨記載されているが、Ｙ社は提案に係る取締役２名（Ｘ代表取締役Ａ及びＸ経営企画室長Ｃ）の選任に反対である旨の意見を付記していること、などの事情を考慮に入れている。

　本件は、委任状勧誘を目的とする株主による株主名簿閲覧謄写請求の仮処分命令申立事件において、総会検査役が選任されていること、及び総会前に行われた総会検査役との打合会の結果が、被保全権利及び保全の必要性の判断に一定の影響を与えた事例の１つであるといえる。

10 東京地決平成20年6月5日判時2024号46頁（ビデオカメラ等持込禁止仮処分申立事件）

　X社（債権者）が、同社の株主であるY（債務者）らに対し、平成20年6月27日開催のX社第84回株主総会に、ビデオカメラ、カメラ、マイク及びスピーカーを持ち込んではならないとする不作為の仮処分を申し立てた事件である。同総会では、総会検査役は選任されていない。

　保全裁判所は、X社は、株主総会の議事を適切かつ円滑に運営する権利を保全するため、Yらが自ら持ち込んだマイク等の使用及びビデオカメラ等による撮影を排除する権利（被保全権利）があると解され、また保全の必要性も認められるとして、申立てを認容した。その際同裁判所は、被保全権利の有無の判断の一事情として、「X社は、総会出席株主のプライバシー等に配慮して議場入口に張り紙をする等の方法で撮影が行われることを株主に告知した上で、株主総会の議事をビデオ撮影しており、当該議事運営が適正に行われたかどうかが訴訟等の場で争点とされた場合には、これを証拠化することが可能であること（他に、株主総会の議事運営等の適正を確保するための制度としては総会検査役の制度が法定されており、総株主の議決権の100分の1以上の議決権を有する株主が債権者の議事運営の適正を疑問視する等している場合には同制度の活用が可能である。同法306条）」としている。

　要するに、保全裁判所は、会社が株主に対して総会場へのビデオカメラ持込みを禁止する理由として、総会検査役制度の活用という手段があることをプラス材料として採用しているわけである。

11 東京地判平成16年5月13日金判1198号18頁、資料版商事法務243号110頁　株主総会決議取消請求事件〔東京スタイル決議取消訴訟事件〕

(1) 事案及び結果

　Y社の株主であるXがY社に対し、平成15年5月22日開催のY社第55回定時株主総会（本件株主総会）においてなされた各決議について、本件株主

総会においては、Y社の取締役及び監査役には説明義務（商法237条の3[87]）違反があったとして、各決議の方法についての法令違反の瑕疵を理由に、上記各決議の取消し（商法247条1項1号[88]）を求めた事案である。受訴裁判所は原告の請求を棄却した。

Xは本件株主総会に先立って、東京地方裁判所に対し、商法237条の2[89]に基づき総会検査役選任の申立てを行い、同裁判所は平成15年4月21日、総会検査役を選任している。

(2) Xの主張と総会検査役報告書

Xは説明義務違反の主張に際し、本件株主総会においてY社は、決議事項について議案ごとに個別に上程し、その後当該議案に対する審議及び採決を行うという、いわゆる「個別上程・個別審議方式」を採用したという前提に立っており、「個別審議方式が採用されたのは、Y社の議長が議案に関する質問は議案の説明の後に受け付けることを明確に確認したこと、順次議案ごとに審議を行い、審議の後に採決という方法が採られた旨総会検査役報告書に記載されていること……などから明らかである」としている。

そして、個別審議方式が採用されていた以上、各議案が個別に上程され、その議案の説明の後にY社の取締役及び監査役は株主から個別に質問を受けて十分な説明をしなければならないところ、このような質疑応答が十分になされていない以上、Y社には説明義務を怠った違法があると主張した。

しかし、結果は上記のとおり請求棄却となった。

12 東京地決平成10年6月11日資料版商事法務173号192頁　新株発行差止仮処分命令申立事件〔ネミック・ラムダ新株発行差止仮処分命令申立事件〕

Y社（債務者）が平成10年5月29日の取締役会決議において、新規事業計画を行うために新株650万株を発行して資金調達をすることを決定したが、

---

87 現行会社法314条。
88 現行会社法831条1項1号。
89 現行会社法306条。

　Y社の発行済株式総数のうち50.62％を保有する株主であるXらは、かかる新株発行は、事業計画に名を借りたXらの支配権を低下させることを目的とする著しく不公正な新株の発行であるとして右新株発行差止仮処分の申立てをしたという事案である（商法280条の10[90]）。保全裁判所はこの申立てを認容した。

　同決定書に添付されている債権者作成の仮処分命令申立書の記載によれば、平成10年6月末に開催される予定であるY社定時株主総会につき、Xが総会検査役の選任の申立てをした。同総会終了後、総会検査役が検査役報告書を裁判所に提出している[91]。

90　現行会社法210条2号。
91　資料版商事法務155号107頁。同139号59頁には、総会検査役吉川武作成の検査役報告書が掲載されている。

事項索引

●あ 行

一括上程一括審議方式……………………29
委任状…………………………………64, 103
　──・議決権行使書等………………74
　──による代理権授与………………105
　──の有効性判断（基準）………11, 17
委任状勧誘……………………………9, 47, 50
　──重複案件…………………………17
　──の（事前）確認………13, 15, 21
　──の有効性判断（基準）………9, 47
違法行為の抑止力………………………46
受付……………………………………72
映像データ……………………………20
大戸屋ホールディングス事件…………19
オブザーバー席…………………………14

●か 行

開会宣言………………………………29
開示情報…………………………………6
会社による選任申立て…………………47
「会社の業務及び財産の状況」の調査
　………………………………………60
会場の下見……………………………15, 71
株主出席票……………………………104
株主総会
　──終了後の対応……………………35, 57
　──招集通知………………i, 9, 51, 63
　──の証拠化…………………………45
　──の招集決定………………………62
株主提案…………………………………1
カメラ位置の確認……………………16, 72
管轄……………………………………54
関西スーパーマーケット事件
　…………………………………51, 78, 100

議決権行使書の有効性（判断基準）
　………………………………………11
議決権行使のシステム…………………12
議決権行使を代理する資格……………56
議決権の事前行使………………………64
議長不信任動議…………………………47
業務執行検査役…………………………60
挙手方式………………………………20
決議取消しの訴え……………48, 49, 65
決議不存在確認の訴え………50, 108
決議方法の調査………………………64
決議無効確認の訴え……………………49
検査役の調査範囲………………………45
コンフリクトチェック………………3, 66

●さ 行

採決方法………………………………12
裁判所…………………………………40
質疑応答………………………………30
指名委員会等設置会社…………………95
集計結果の確認…………………………75
修正動議………………………………108
集中日……………………………………2
証券代行会社……………………………9, 18
招集手続の調査…………………………62
職務代行者……………………………61, 104
職務代行通知書………………………107
書類の保全……………………………74
資料の収集……………………………45
審問期日……………………4, 52, 67
スケジュール……………………………51
積極的関与……………………………44
選任決定……………………………7, 53, 54
選任申立て……………………………50

執筆者紹介

進士　肇（しんじ・はじめ）
篠崎・進士法律事務所 所長弁護士。
1988年東京大学法学部卒。1993年弁護士登録（東京弁護士会、45期）。2008〜
2010年度新司法試験考査委員（商法）。2012〜2013年度東京弁護士会法律研究部倒
産法部部長。2013〜2015年度最高裁判所司法研修所教官（民事弁護）。2015年ラ
ムスコーポレーション㈱ほか38社の会社更生手続につき更生管財人（現任）。2023
年から東京大学法科大学院講師（倒産処理研究）。専門分野は、会社法務、株主総
会指導、事業再生、不動産取引など。
これまで、㈱LIXILグループ、㈱東京ソワールなど、多数の上場会社・非上場会
社の株主総会検査役を担当している。

中江　民人（なかえ・たみと）
中川・熊谷法律事務所 弁護士。
2002年東京大学文学部中退。2008年弁護士登録（東京弁護士会、64期）。2014〜
2019年技能検定委員。
株主総会検査役、清算人、仮取締役など会社非訟事件を数多く取り扱う。
これまで、非上場会社の株主総会検査役を務めたほか、㈱LIXILグループ、㈱東
京ソワールなど、多数の上場会社の株主総会検査役補助者を務めている。

三井　稜賀（みつい・りょうが）
篠崎・進士法律事務所 弁護士。
2015年中央大学法学部法律学科卒。2022年弁護士登録（東京弁護士会、74期）。
専門分野は、会社法務、事業再生など。
これまで、㈱東京ソワールの株主総会検査役補助者を務めている。

株主総会検査役
──その職務内容と選任事例

2024年4月17日　初版第1刷発行

著　者　進　士　　　肇
　　　　中　江　民　人
　　　　三　井　稜　賀

発行者　石　川　雅　規

発行所　株式会社 商 事 法 務
　　　　〒103-0027 東京都中央区日本橋 3-6-2
　　　　TEL 03-6262-6756・FAX 03-6262-6804〔営業〕
　　　　TEL 03-6262-6769〔編集〕
　　　　https://www.shojihomu.co.jp/

落丁・乱丁本はお取り替えいたします。　　印刷／㈲シンカイシャ
©2024　Hajime Shinji, Tamito Nakae,　　Printed in Japan
Ryoga Mitsui
Shojihomu Co., Ltd.
ISBN978-4-7857-3079-6
＊定価はカバーに表示してあります。